高等教育管理与教师队伍建设

韩文娟　著

中国商务出版社
·北京·

图书在版编目（CIP）数据

高等教育管理与教师队伍建设／韩文娟著. -- 北京：
中国商务出版社，2025. 3. -- ISBN 978-7-5103-5671-1

Ⅰ. G649.2；G645.12

中国国家版本馆 CIP 数据核字第 2025RA1891 号

高等教育管理与教师队伍建设

韩文娟　著

出　　版：中国商务出版社有限公司

地　　址：北京市东城区安定门外大街东后巷 28 号　　邮　　编：100710

网　　址：http://www.cctpress.com

联系电话：010-64515150（发行部）　010-64212247（总编室）
　　　　　010-64243656（事业部）　010-64248236（印制部）

责任编辑：李自满

排　　版：郑州柏步轩图书有限公司

印　　刷：北京九州迅驰传媒文化有限公司

开　　本：787 毫米×1092 毫米　　1/16

印　　张：9　　　　　　　　　　　　字　　数：159 千字

版　　次：2025 年 3 月第 1 版　　　　印　　次：2025 年 3 月第 1 次印刷

书　　号：ISBN 978-7-5103-5671-1

定　　价：68.00 元

前　言

在当今时代,随着知识经济的蓬勃发展和全球化的日益加深,高等教育管理与教师队伍建设成为关乎国家竞争力与民族未来的核心议题。高等教育的质量直接关系着国家的人才培养能力、科技创新水平以及文化传承与发展。面对日新月异的科技变革和社会需求,高等教育管理需不断创新理念,完善机制,以适应新时代的发展要求。教师队伍作为高等教育的核心资源,其整体素质和专业能力直接影响着教学质量与教育成果。因此,加强高等教育管理,优化教师队伍建设,不仅是提升高等教育质量的必然选择,也是推动社会进步与发展的重要保障。

本书以高等教育管理概述为切入点,分别介绍了高等教育质量管理、高等教育教学管理、高等教育科研管理和高等教育教师管理,并对高等教育教师队伍建设进行了深入研究。希望本书的介绍能为高等教育管理与教师队伍建设方面的读者提供借鉴与参考。

本书主要汇集了笔者在工作、实践中取得的一些研究成果。在撰写过程中,笔者参阅了相关文献资料,在此,谨向其作者深表感谢。

由于笔者水平有限,加之时间仓促,书中难免存在一些不足和疏漏,敬请广大读者批评指正。

韩文娟

2024 年 12 月

目　录

第一章　高等教育管理概述

第一节　高等教育管理的基本内容

一、高等教育管理的定义与主要内容

(一)高等教育管理的定义

高等教育管理是指在高等教育机构中,通过科学的管理方法和策略,协调各类资源以实现教育目标的过程。它不仅包括对教育活动的简单组织,还包括系统化的规划、组织、领导和控制等关键环节。高等教育管理的最终目标是提升教育质量、促进学生全面发展、优化资源配置,以适应社会发展的需要。在这个过程中,管理者应对教育资源进行合理的分配和利用,以确保教育的公平性和有效性。

(二)高等教育管理的主要内容

1.组织结构的设计与职能分配

通常,高等教育机构采用分层次的管理结构,如校级、院系级和科室级等,这种结构有助于明确各级管理者的职责和权限。职能分配确保每个部门和人员能够协同工作,发挥其专业优势。合理的组织结构和职能分配不仅提高了管理效率,还增强了机构的适应性和灵活性,以应对不断变化的教育环境和政策要求。

2.资源配置

资源配置涉及人力、财力和物力等多方面的协调与分配。优化资源配置策略可以提高教育资源的使用效率。通过科学的规划和评估,管理者能够平衡资源的投入与产出,确保资源的合理使用。此外,创新的资源管理策略,如引入信息技术和数据分析工具,也为高等教育管理提供了新的视角和方法。

3.政策制定与实施

有效的政策制定要求管理者应深入了解教育需求、社会期望和国际趋势,以确保政策的科学性和前瞻性。在政策实施过程中,管理者需要建立健全的执行机制,确保政策的有效执行。这包括制订详细的实施计划、明确各方责任、监控实施进度,并根据反馈进行调整,以确保政策目标的实现和教育质量的提升。

4.质量保障与评估机制

通过建立系统的评估标准和流程,管理者能够定期对教育活动进行审查和改进。这些机制不仅关注教学效果,还关注学生满意度、科研成果和社会服务等多方面的评价。有效的质量保障机制为高等教育机构提供了持续改进的动力和方向,确保其教育质量在国内外保持竞争力。

5.师生的参与和有效沟通

通过建立开放的沟通渠道,管理者能够更好地了解师生的需求和反馈,以促进决策的民主化和透明化。师生参与不仅提升了管理的科学性和合理性,还增强了师生的归属感和责任感,形成良好的校园文化氛围。有效的沟通机制有助于化解矛盾、凝聚共识,推动高等教育机构的和谐发展。

二、高等教育管理的内在要素

(一)教育管理资源的配置与优化

合理配置教育资源包括对人力资源、物资资源和财务资源的合理分配。人力资源的配置不仅涉及数量上的满足,还涉及质量上的提升。物资资源的合理分配要求管理者应根据教学需求和科研活动的实际情况,科学安排教学设备和实验设施。财务资源的分配需要在预算管理和财务控制的框架下,确保资金的使用效率和透明度,从而支持高等教育的可持续发展。

在优化教育管理资源的使用效率方面,数据分析和绩效评估是重要手段。通过对资源使用情况的数据分析,可以识别出资源配置中的不足和改进空间。绩效评估为资源配置的科学决策提供了依据,以确保资源投入与产出之间的比例不断提升。通过这些措施,高等教育机构能够更好地实现教育资源的优化配置,进而提高教育管理的整体效能。

建立多元化的资源筹措机制是提升教育资源灵活性的重要途径。校企合作和科研项目资助是其中的两种有效方式。校企合作不仅能为高校提供资金支持，还能为学生提供实践机会，增强学校与社会的联系。科研项目资助通过吸引外部资金支持，推动学术研究和创新活动的开展。

制订针对性的教师培训与发展计划是确保教师队伍专业素养与教育管理需求相匹配的关键。通过定期的培训和进修，教师能够不断更新知识结构和教学技能，以适应不断变化的教育环境。这样的培训计划不仅提升了教学质量，还促进了教师队伍的稳定和发展。

实施动态调整机制是适应新形势下高等教育管理需求的重要策略。随着教育环境和市场需求的变化，管理者需要及时调整资源配置策略，以保证教育管理的灵活性和适应性。动态调整机制的实施要求高等教育机构具备敏锐的市场洞察力和快速反应能力，以便在变化的环境中保持竞争优势，确保教育目标的持续实现。

(二)信息化与管理现代化的融合

信息化的深入应用在高等教育管理中扮演着至关重要的角色，尤其是在数据管理系统的建立和维护方面。通过信息化手段，教育管理者能够更科学、更高效地进行决策。这种融合不仅提高了管理的效率，也增强了决策的准确性和前瞻性。在数据驱动的时代，高等教育机构通过信息化手段，能够实时获取和分析大量数据，从而更好地满足学生、教师及社会的需求。

在高等教育管理中，管理现代化的实现有赖于先进信息技术的引入。这种技术的应用不仅提升了教育管理的透明度，还增强了管理的实时性。信息技术的普及使信息的传播与共享更加迅速，这对于大型教育机构来说尤为重要。通过信息化平台，教育管理者和利益相关者能够实时获取信息，参与决策过程，从而提高管理的参与度和透明度。这种变化为高等教育管理注入了新的活力，推动了教育质量的提升和管理效率的优化。

随着信息化手段的广泛应用，如在线教学平台和学习管理系统的普及，师生之间的互动与沟通得到了显著增强。信息化手段不仅改变了传统的教学方式，也提升了教学质量。通过这些平台，教师能够更好地管理课程内容；学生可以随时随地获取学习资源。这种互动的增强不仅提高了教学的灵活性，还促进了个性化学习的发展。信息化手段的应用使教育资源的共享更加便捷，从而推动了高等教育的普及和公平。

信息化手段的应用还实现了教育资源的数字化管理。这种数字化管理不仅减少了资源浪费，还提升了教育服务的质量。教育资源的数字化管理使教育机构能够根据需求进行资源的动态调整，从而满足不同层次、不同类型学生的学习需求。这种灵活性和高效性是传统管理模式所无法比拟的。

管理现代化的推进促进了高等教育管理的标准化与规范化。通过信息化手段，教育管理形成了系统化的管理流程和评价机制。这种标准化管理不仅提高了管理的效率，也确保了管理的公正性和科学性。系统化的管理流程使高等教育机构能够更好地进行内部控制和质量保证，这为教育质量的持续提升提供了保障。标准化的评价机制使教育管理者能够更准确地评估教育效果，从而不断优化管理策略。

三、高等教育管理的作用

(　)促进教育质量的提升

通过科学的教育政策制定，高等教育管理确保了教育目标的明确性与可达性，这为教育质量的提升奠定了坚实的基础。政策的科学性不仅体现在目标的设定上，还体现在实施过程中对各项教育资源的合理配置与使用上。高等教育管理者需要全面了解教育的实际需求与未来发展趋势，从而制定出符合时代要求的政策，以引导教育质量的持续提升。

高等教育管理者通过建立完善的质量保障体系，确保教学过程的有效性与结果的可测性。定期的评估和反馈机制是质量保障体系的核心组成部分。它们不仅为教师的教学改进提供了方向，也为学生的学习效果提供了客观的评价依据。在此过程中，教师能够通过反馈不断调整教学策略，优化教学内容，从而更好地满足学生的学习需求。学生通过评估反馈了解自己的学习进度与不足之处，进而有针对性地进行改进。

高等教育管理强调师生之间的参与与沟通，这有助于增强教学互动、提升学生学习体验和满意度。通过各种渠道和平台，高等教育管理者应鼓励师生共同参与教学活动，形成良好的互动氛围。这样的沟通不仅能够使教师更加了解学生的学习状况与需求，也使学生能够积极反馈自己的学习体验与困惑。通过这种双向的互动机制，教育质量得到进一步提升，因为教学活动不再是单向的知识传递，而是双向的知识交流与共享。

(二)增强学校的组织效能

高等教育管理者通过明确组织目标与职责,促进学校内部的协作与沟通,提升整体工作效率与团队凝聚力。明确的目标设定使各部门能够在统一的方向下开展工作,增强协作。这种协作不仅体现在教学和科研活动中,也体现在行政管理和后勤服务等方面。通过建立高效的沟通渠道,信息能够在各层级间快速传递,以确保各项工作顺利进行。此外,团队凝聚力的提升有赖于共同目标的认同和团队文化的建设,这些都需要高等教育管理者的长期投入与精心设计。

高等教育管理者还通过实施有效的绩效评估机制,促进教师与管理人员的专业发展,提升其对组织目标的认同感与责任感。绩效评估不仅是对过去工作的总结,也是未来发展的指南。通过合理的评估标准,教师和管理人员能够认识自身的优势与不足,从而制订切实可行的个人发展计划。同时,绩效评估为组织提供了调整策略和资源配置的依据。此外,评估结果的反馈与激励机制的结合能够有效增强教职工的工作积极性和对组织的归属感。

在决策流程的优化方面,高等教育管理者通过确保各项决策的科学性与透明度,提高学校的响应能力与适应性。这一过程涉及多层次的参与和多角度的分析,以确保决策的全面性和合理性。通过引入科学的决策工具和方法,学校能够更好地应对外部环境的变化和内部需求的调整。同时,透明的决策过程增强了组织成员对决策的理解与支持,减少了因信息不对称而导致的误解和冲突。这种优化不仅提高了决策的效率,也增强了学校在复杂环境中的竞争力。

高等教育管理者还通过建立多元化的激励机制,吸引和留住优秀教师,增强学校的竞争力与创新能力。激励机制的设计者需要充分考虑教师的职业发展需求和个人价值观,以多样化的形式提供物质和精神激励。这不仅包括薪酬和福利的提升,还包括学术发展机会的提供和工作环境的改善。通过营造支持创新和学术自由的氛围,学校能够吸引具有创新精神和学术潜力的优秀人才,并通过持续的激励措施确保他们在学校的长期发展。这种持续的人才吸引和保留策略是学校保持竞争优势和创新能力的关键所在。

(三)推动教育资源的合理配置

通过建立动态调整机制,高等教育管理者能够灵活地分配资源,以适应不同阶段和领域的需求。这种灵活性不仅提高了教育资源的使用效率,还确保了资源能够在最需要的地方得到充分利用。

为了适应多变的教育需求,高等教育管理者需要推动多元化的资源筹措方式。这包括通过校企合作、社会捐赠和科研项目资助等多种渠道来增加教育资源的来源。这种多元化的筹措方式不仅可以增加资源的总量,还能够提升资源配置的多样性。通过这些途径,高等教育机构可以获得更多的资金和物质支持,从而在教育教学、科研创新等多个方面实现更高效的资源配置。

实施教育资源的绩效评估体系是确保资源配置有效性的重要手段。通过数据分析和反馈机制,高等教育管理者可以量化资源使用的效果。这种量化评估不仅能够帮助管理者识别资源配置中的不足之处,还可以为优化资源配置策略提供科学依据。通过对资源使用效果的评估,管理者可以做出更精准的决策,从而实现资源配置的最优化。

促进教育资源的共享与整合是提高资源使用效率的重要策略。高等教育管理者需要鼓励跨院系、跨学科的合作与交流,以实现资源的共享和整合。这种合作与交流能够打破资源使用的壁垒,使资源能够在更大范围内得到利用,从而提高整体教育质量。

(四)促进教育创新

通过鼓励教师积极参与教学创新与课程开发,管理者能够有效激发教师的创新意识。这种参与不仅推动了教育内容的更新与优化,还为教师提供了一个展示和交流创新理念的平台。教师的创新意识是高等教育进行创新的核心动力。管理者通过提供必要的资源和支持,能够有效推动教学内容的现代化和多样化,确保教育体系能够适应快速变化的社会需求。

为了进一步推动教育模式的创新与发展,高等教育管理需要建立跨学科的合作机制。这种合作机制不仅促进了不同学科之间的交流与合作,还为教育模式的创新提供了丰富的灵感和资源。通过这种合作,教育管理者能够推动新的教学模式的形成与应用,从而提升教育质量和学生的创新能力。

在高等教育管理中应当引入灵活的教学方法与评估机制,以适应不同学生的学习需求。灵活的教学方法可以包括多样化的教学手段,如线上线下混合教学、项目式学习等,评估机制的多样化则可以帮助教师更全面地了解学生的学习效果和需求。通过这种灵活的管理方式,教师能够尝试不同的教学策略,找到最适合学生的教学方法,从而提高教学效果,满足学生个性化发展的需求。

通过建立教师专业发展平台,高等教育管理者可以为教师提供持续的培训与支持。这些平台不仅为教师提供了学习新技能和知识的机会,还为他们在教育创新与实践中的能力提升提供了支持。通过持续的专业发展,教师能够不断更新自己的教学方法和理念,提高自身在教学实践中的创新能力,从而更好地服务于学生的发展需求。

第二节　高等教育管理的理论基础

一、高等教育管理理论中的系统思维

高等教育管理理论中的系统思维强调从整体性和动态性的角度来分析和解决问题。系统思维要求管理者在面对复杂的教育环境时,能够识别不同要素之间的相互关系和相互影响,从而制定出更加科学和有效的管理策略。通过系统思维,管理者能够更好地识别教育系统中的薄弱环节和潜在风险,进而采取适当的措施进行改进和优化。这种思维方式不仅能提升教育管理的效率和效果,还能促进教育资源的合理配置和使用,从而实现教育质量的持续提升。系统思维的应用在高等教育管理中已经取得了显著成效,尤其是在资源整合、政策制定和战略规划等方面,提供了新的视角和方法。

二、行为科学理论与高等教育管理

(一)行为科学理论对教学过程管理的启示

行为科学理论对教学过程管理的启示在于其对教师心理需求与动机的深刻理解。行为科学理论强调教师在教学中的心理需求,如成就感、归属感和自我实现的需求。这一理论为教育管理者提供了新的视角,帮助他们设计更加人性化的管理策略,关注教师的心理健康和职业发展,最终促进教育质量的全面提升。

行为科学理论倡导建立积极的学习环境,以促进师生之间的互动与合作。积极的学习环境不仅有助于增强学生的课堂参与感,还能提高他们的学习动力。这种环境的营造需要教师具备良好的沟通能力和情感智慧,能够敏锐地捕捉学生的情绪变化,并及时进行有效的引导和激励。行为科学理论为教师提供了在教学中运用心理学知识的指导,以帮助教师更好地管理课堂,促进学生的全面发展。

行为科学理论为教师培训与发展策略提供了重要的指导。通过科学的培训计划,教师可以提升自身的沟通能力和心理素质,更好地支持学生的学习。行为科学理论强调教师在职业发展过程中需要不断学习和自我提升,以应对教育环境的变化和学生需求的多样化。通过系统化的培训计划,教师能够更新教育理念,掌握新的教学方法,从而在教学过程中更有效地支持学生的成长和发展。

行为科学理论强调反馈机制在教学过程中的重要性。及时的评价与反馈可以帮助教师调整教学策略,提高教学质量和学生的学习成果。反馈不仅是对教学效果的评估,也是教师自我反思和改进的重要工具。行为科学理论提倡在教学过程中建立开放的反馈渠道,以使教师能够及时获取学生的学习反馈,并据此进行教学调整。这种反馈机制的建立有助于教师不断优化教学方法,提高课堂教学的针对性和有效性。

行为科学理论提倡个性化教学,即教师应根据学生的不同需求与背景进行差异化教学。行为科学理论鼓励教师在教学过程中关注学生的个体差异,设计符合学生特点的教学活动,以提高学生的学习兴趣和参与度。个性化教学不仅能增强学生的学习动机,还能促进其自主学习能力的培养。通过差异化教学,教师可以更好地满足学生的学习需求,帮助他们在学习中获得满足感。

(二)行为科学理论对高等教育管理的影响

1.行为动机对教育管理决策的影响

行为动机不仅影响个体的学习和工作效率,还对教育组织的整体氛围产生深远影响。通过分析动机因素,管理者能够识别出哪些政策能够激发教师的教学热情和学生的学习兴趣。行为动机理论强调内在动机和外在激励的结合,这使管理者可以设计出既能满足教育目标又能促进个体发展的管理策略。此外,行为动机理论还强调通过个性化的激励措施,提升教育管理的有效性和针对性。

2.群体行为在高校组织文化建设中的作用

群体行为通过集体互动、共同目标的实现及团队协作等方式,塑造和强化高校的组织文化。高校组织文化的形成和发展往往依赖教职员工、学生及管理者之间的互动。这种互动不是个人行为的简单叠加,而是一种复杂的社会过程。在这一过程中,群体行为能够有效促进成员之间的沟通与理解,增强组织的凝聚力和向心力。通过群体行为的积极作用,高校组织文化能够更好地体现出其独特的价值观和行为规范,从而在激烈的教育竞争中保持优势。群体行为在高校组织文化建设中还能够连接不同学科、部门和个人,促进跨学科交流和合作,推动学术创新和教育质量的提升。

3.领导行为对教育管理效能的提升

通过有效的领导行为,教育管理者能够在组织中营造积极的氛围,激励教职员工的积极性和创造力,从而提高整体教育质量。领导者的行为不仅影响组织的文化和价值观,还直接关系到决策的制定和执行效率。研究表明,具有明确愿景、良好沟通能力和决策力的领导者能够更好地引导教育机构适应快速变化的教育环境。与此同时,领导者的行为风格直接影响团队的凝聚力和教师的职业满意度。通过采取参与式和民主化的模式,领导者可以有效地促进教师之间的合作与交流,增强团队的协作能力,进而提升教育管理的效能和教学质量。

第三节　高等教育管理的职能

一、计划职能

(一)计划职能在高等教育管理中的重要性

计划职能在高等教育管理中不仅是实现教育目标的基础,还为教育机构的长远发展奠定了坚实的基础。通过科学的计划,教育管理者能够预见未来的挑战和机遇,从而制定相应的策略以应对不断变化的教育需求。计划职能的有效实施能够确保教育资源的合理配置,避免资源浪费,并提升教育质量和效率。通过系统的规划,教育机构可以更好地协调各个部门的工作,形成合力,推动教育事业的整体进步。

计划职能在高等教育管理中确保资源的有效配置,以满足教育目标和需求的变化。高等教育机构面临着资源有限和需求多样化的挑战,合理的计划能够优化资源分配,确保每一项教育活动都能获得所需要的支持。通过详细的计划,管理者可以识别出资源配置中的薄弱环节,并采取措施加以改善,从而提高资源使用的效益。

通过制定明确的教育目标和实施步骤,计划职能促进高等教育机构的战略发展和持续改进。在高等教育管理中,计划职能帮助管理者在纷繁复杂的教育环境中保持清晰的方向感,并通过系统的步骤实现既定的战略目标。通过不断的评估和调整,计划职能确保教育机构能够适应外部环境的变化,实现可持续发展。

计划职能帮助高等教育管理者识别和评估潜在的风险,从而制定应对策略,保障教育质量与安全。在高等教育管理中,风险可能来自政策变化、市场波动或技术创新。通过有效的计划,管理者可以提前识别这些风险,并制定相应的应对措施,降低风险对教育活动的影响。

高等教育管理中的计划职能能够增强师生的参与感和责任感,提高教育过程的透明度。计划职能不仅涉及管理者的决策,还需要师生的广泛参与。通过参与计划的制定和实施,师生能够更好地理解教育目标和策略,从而增强对教育活动的认同感和责任感。同时,透明的计划过程有助于建立信任,促进各方的沟通与合作。计划职能的开放性和包容性为教育机构营造了积极向上的氛围。

有效的计划职能促进高等教育机构之间的协作与沟通,推动共享资源和最佳实践的实现。在现代高等教育中,单一机构难以独立应对所有挑战,跨机构的协作成为必然趋势。通过计划的实施,各机构可以相互学习,借鉴最佳实践,提高教育质量。协作与沟通的加强不仅提升了教育机构的竞争力,也推动了整个教育体系的进步。

(二)实施有效计划的关键步骤

1.明确教育目标与预期成果

所有参与者应对计划的目标和预期成果有清晰的理解和认同,以确保在实施过程中能够保持一致的方向和动力。这不仅有助于提高计划的执行效率,也能增强参与者的责任感和使命感。

2.制订详细的实施步骤与时间表

通过明确的步骤和时间节点,管理者可以有效地了解计划的进度,并在必要时进行调整。这种细化的规划使各个环节的责任更加明确,减少了执行过程中的不确定性。此外,详细的时间表也为管理者提供了评估计划执行效果的依据,便于及时发现问题并采取相应措施。

3.建立反馈机制

通过定期收集师生的意见和建议,管理者可以获得第一手的实施效果信息。

这些反馈不仅能够帮助管理者识别计划中的不足之处,还能为后续的优化和调整提供参考依据。反馈机制的有效运作需要管理者具备良好的沟通能力和开放的态度,以确保信息的准确传递和有效利用。

4.加强跨部门协作

通过促进信息共享与资源整合,管理者可以有效地减少各部门间的沟通障碍,提高整体的工作效率。跨部门的协作不仅能使计划的实施更加顺畅,还有助于形成合力,推动计划目标的实现。在此过程中,管理者应具备良好的协调能力和沟通技巧,以确保各部门的积极参与和有效合作。

(三)教师队伍建设中的计划职能实践

在高等教育管理中,有效的教师招聘和培训计划是确保教师队伍的专业发展和学科适配性的基础。通过科学的招聘流程,教育机构能够吸引具备高水平专业知识和教学能力的教师。同时,针对新入职教师和现有教师的定期培训计划,有助于更新他们的专业知识和教学技能,并且使他们适应不断变化的教育环境和学生需求。这种计划职能的实施不仅提升了教师的整体素质,也为学生提供了更优质的教育资源。

设定教师绩效评估标准是促进教师持续改进和职业发展的重要手段。通过明确的评估标准,教师能够清晰地了解自身的优势和不足,从而在教学实践中不断反思与改进。绩效评估不仅是对教师工作结果的考核,也是对其教学过程的深入分析。通过评估反馈,教师可以制订个人发展计划,寻求专业成长的机会,进而提高教学质量和学生学习效果。这种评估机制激励教师在职业生涯中不断追求卓越。

教师交流与合作机制的建立有助于增强团队凝聚力和教学创新能力。通过定期的学术研讨会、教学经验分享会等形式,教师可以在交流中借鉴彼此的教学经验和创新方法。这种合作不仅促进了教师之间的专业互动,也激发了教学的灵感。同时,跨学科的合作机制还可以拓宽教师的学术视野,推动教学内容和方法的多元化发展。这种计划职能的实践为高校教师队伍的建设提供了坚实的支持。

定期进行教学质量评估是优化课程设置和教学方法的重要环节。通过对教学质量的全面评估,教育管理者能够收集到关于课程内容、教学方法以及学生学习效果的反馈。这些反馈信息为课程的改进和教学方法的创新提供了重要依据。

二、组织职能

(一)组织职能在高等教育管理中的作用

组织职能确保机构内部结构的合理性,以提高管理效率和决策质量。在高等教育机构中,合理的组织结构有助于清晰界定各部门的职责与权限,避免职能重叠和资源浪费。同时,明确的组织架构能够促进各部门之间的协作与沟通,形成高效的工作流程,使管理决策更加及时和准确,从而提升整体管理效能。

有效的组织职能不仅有助于明确各部门的职责与权限,还能促进协作与沟通,减少资源浪费。在高等教育管理中,需要清晰界定各部门的功能,以避免因职责不明确而导致的效率低下和资源浪费。通过合理的组织设计和职能分配,可以确保各部门在其职权范围内高效运作,促进跨部门的协作与信息共享,形成合力,共同推动教育目标的实现。

组织职能使高等教育管理能够快速应对外部环境的变化与挑战。在当今快速变化的社会环境中,高等教育机构面临诸多挑战,如技术进步、政策变化等。因此,建立科学的决策机制,通过组织职能的优化,确保管理层能够迅速获取信息、分析形势、制定和调整策略,以应对外部环境的变化。

组织职能能够推动教育资源的优化配置,确保各类资源在教学、科研等方面的有效利用。通过合理的组织设计,可以实现资源的最优分配,避免资源过度集中或分散,确保教学、科研、行政等各个方面的资源得到合理配置,从而提高教育质量和科研水平,推动高等教育机构的可持续发展。

通过组织职能的实施,可以增强教师队伍的凝聚力与归属感,提高整体教学质量与学生满意度。在高等教育管理中,教师是最重要的资源之一。通过合理的组织职能,可以为教师创造良好的工作环境,增强其工作积极性和归属感,进而提升教学质量。同时,良好的组织职能也有助于构建和谐的师生关系,提高学生的学习体验和满意度,最终实现教育目标。

(二)提升组织效率的方法

1. 优化组织结构

明确各部门的职责,并确保沟通渠道的畅通,可以有效减少信息传递中的误解和延迟,从而提高整体工作效率。合理的组织结构不仅能促进部门之间的协调合作,还能为管理层提供清晰的决策依据,确保资源的有效配置。通过优化组织结构,教育机构能够更好地适应外部环境的变化,保持竞争力和创新能力。

2.实施绩效管理制度

定期的绩效评估和反馈机制能够激励教师的积极性和创造力。通过明确的绩效目标和评估标准,教师可以更清晰地了解自身的优劣势,从而在工作中主动改进和提升。

3.引入信息技术工具

通过提升管理流程的自动化和数据化,信息技术可以显著减少人工操作带来的错误和延迟,提高管理效率。现代信息系统能够实时收集和分析数据,为管理决策提供科学依据。此外,信息技术还可以促进师生之间的互动,增强教学效果。因此,教育机构应积极引入先进的信息技术工具,提升管理的精细化水平。

4.定期开展培训与团队建设活动

培训与团队建设活动不仅能够帮助教师更新知识、掌握新技术,还能增强组织的凝聚力。通过团队建设,教师之间的信任和理解得以加深,工作中的沟通和合作更加顺畅。此外,培训活动还可以为教师提供一个交流经验和分享成果的平台,促进教学方法和管理理念的相互借鉴,推动教育质量的全面提升。

三、领导职能

(一)高等教育管理中领导力的重要性

在高等教育管理中,领导力不仅能够激发教师的积极性与创造力,还能将教育目标转化为具体的行动策略。通过有效的领导力,教育管理者能够识别并利用教师的潜力,推动教育创新,进而实现高等教育的长远发展。

在高等教育管理中,领导力能够营造良好的教育氛围,增强师生之间的信任与合作,这对提升整体教学质量至关重要。领导者通过建立开放和包容的沟通渠道,鼓励教师和学生之间的互动与交流,形成一个充满活力和创新的教育环境。

有效的领导力还体现在领导者能够通过明确愿景与目标,引导教师队伍朝着共同的发展方向努力。明确的愿景和目标不仅为教师提供了明确的工作方向和动力,也为整个教育机构的发展提供了坚实的基础。领导力的核心在于引领和指引,以达成教育的共同目标。

高效的领导力能够使管理者在面对教育管理中的挑战时,及时采取措施,推动组织的创新,提升高等教育机构的竞争力。教育领域面临的挑战日益复杂,领导者需要具备敏锐的洞察力和灵活的应对能力,以适应不断变化的教育环境。通过创新的管理策略,领导者不仅能够解决当前的问题,还能为未来的发展奠定基础,确保高等教育机构在激烈的竞争中保持领先地位。

(二)领导职能在教师队伍建设中的应用

在高等教育管理中,领导者应当通过设定明确的愿景和目标,引导教师队伍共同努力,实现教育使命与愿景的对接。这不仅有助于形成统一的方向感,还能激励教师在个人和职业发展中追求更高的目标。通过明确的愿景,教师能够更清晰地理解其工作的意义和价值,从而增强对教育事业的投入和热情。

领导者应定期组织培训与发展活动,以提升教师的专业能力和教学水平。这些活动不仅包括专业知识的更新,还包括教学方法和技术的创新。通过这种持续的专业发展,教师能够不断适应教育环境的变化,满足学生多样化的学习需求。培训与发展活动也为教师提供了一个反思和改进教学实践的机会,从而推动教育质量的持续提升。

领导者通过树立榜样和提供支持,能够激发教师的创新意识,鼓励他们在教学和科研中探索新的方法和实践。领导者的支持不仅体现在资源的提供上,还体现在对教师创新尝试的认可和鼓励上。这种支持环境能够激发教师的创造力,促使他们在教学中应用新技术和新方法,提升学生的学习体验和成果。

(三)提高领导决策质量的方法

1.建立数据驱动的决策机制

通过分析教育数据和反馈信息,可以提高决策的科学性和准确性。这不仅包括对学生成绩、教师绩效等传统数据的分析,还包括对学生满意度调查、教师反馈、社会需求等多维度信息的整合。有效的数据分析能够帮助领导者识别潜在问题,预测发展趋势,从而做出更加精准的决策。

2.培养领导者的决策能力

高等教育机构应定期组织决策培训和模拟演练,以提升领导者应对复杂问题的能力。这些培训应涵盖战略规划、风险管理、资源分配等多个方面。此外,领导者还应注重自身的学习与反思,积极参与学术交流,了解国内外高等教育管理的最新动态与趋势,以增强自身的决策视野和能力。

3.鼓励多元化的意见征集

高等教育管理需要建立跨部门和教师团队的咨询机制,确保决策过程的透明性与广泛性。通过广泛征集不同群体的意见和建议,可以避免决策的片面性,提升决策的全面性和合理性。这种多元化的参与不仅能够促进团队协作,还能激发创新思维,形成更具前瞻性的决策方案。

4.实施决策评估制度

对每项决策的实施效果进行跟踪与评估,可以帮助领导者及时了解决策的实际影响,并在必要时进行调整和优化。评估制度应包括明确的指标体系和反馈机制,以确保评估过程的客观性和公正性。通过评估制度,领导者可以总结经验教训,持续改进决策策略,最终实现高等教育管理的可持续发展。

四、控制职能

(一)控制职能在高等教育管理中的作用

在高等教育管理中,控制职能通过设定标准和指标,为管理者提供了评估教学质量与教育成果的工具。这些标准不仅帮助管理者明确教育目标,还为教学活动提供了具体的方向和衡量的尺度。通过这种方式,控制职能确保了教育目标的实现,并促使教育活动朝着既定的方向发展。此外,控制职能的存在使教育管理者能够在复杂的教育环境中保持清晰的方向感和目标感,从而提高教育管理的有效性和效率。

控制职能的重要性体现在对教育过程中各类数据的监测和分析上。通过对数据的实时监测,管理者可以及时发现教育过程中出现的问题,并迅速采取纠正措施。这种数据驱动的管理方式不仅提高了问题解决的速度和效率,还为教育管理的持续改进提供了科学依据。通过对教学过程的深入分析,控制职能帮助管理者识别潜在的改进机会,从而在不断变化的教育环境中保持竞争力和创新能力。

审计和评估机制是控制职能的核心组成部分,它们确保教育资源的合理使用。通过审计,管理者可以识别和防止资源浪费,从而提高整体管理效率。这种机制不仅关注财务资源的合理配置,还涉及人力资源和物理资源的优化使用。评估机制通过对教育成果的定期评估,确保教育活动的质量和效率。这种双重保障机制使教育管理更加透明和高效。

(二)信息反馈机制在控制职能中的应用

信息反馈机制不仅有助于及时收集和处理教学过程中的问题与建议,还能促进管理层对教学质量的持续关注和优化。信息反馈的有效应用能够在一定程度上反映出高等教育管理的精细化水平。建立这种机制的关键在于明确反馈的内容和频率,确保信息的准确性和及时性,从而有效支持决策过程。

在线调查和问卷工具的使用,不仅可以确保数据的及时性和有效性,还能为决策提供客观的依据。通过对反馈数据的细致分析,管理者可以识别出教学中存在的不足之处,并据此制定相应的改进策略。在线反馈工具的优势在于操作的便捷性和数据的可量化性,以使管理层能够快速获取大量信息,并进行深入分析。这种方法正在逐步改变传统的反馈模式,提升高等教育管理的效率和科学性。

反馈小组的职责在于定期分析收集到的信息,提出切实可行的改进措施。通过对反馈信息的系统化处理,反馈小组不仅能够识别出教学过程中存在的问题,还能为管理层提供有价值的建议,确保反馈机制的有效性和持续性。反馈小组的工作需要具备高度的专业性和责任感,以确保其分析结果的准确性和改进建议的可行性。这一机制的设立不仅提升了反馈的质量,也为高等教育管理提供了强有力的支持。

通过公开反馈结果和改进建议,教师能够清晰地了解评估结果及其背后的逻辑,从而提升整体教学质量和教师的参与感。这种透明化的机制不仅能够激发教师的积极性和创造性,还能在一定程度上促进教学质量的提升。教师在了解反馈结果后,可以据此调整教学策略,优化教学方法,从而更好地满足学生的学习需求。反馈结果的公开也有助于构建信任的管理氛围,提升教育管理的整体水平。

(三)风险管理与应对措施

风险管理的核心在于识别、评估和应对潜在的风险因素。在高等教育领域,这些风险因素可能包括财务风险、政策变化以及市场需求波动等。通过定期评估这些因素,管理者能够提前制定策略,从而在风险发生前做好准备。这一过程不仅能减少潜在损失,还能提高机构的应变能力,确保其在变化的环境中保持竞争力。

为了有效地管理风险,使用风险评估工具和模型是必要的。这些工具和模型能够帮助管理者量化风险的影响和发生的概率,使风险管理更加科学和系统化。通过这种方式,管理者可以识别和优先处理高风险领域,确保资源的有效配置与使用。这种量化的风险评估方法不仅提高了管理的精准度,还帮助教育机构在资源有限的情况下实现最佳的风险控制。

在面对突发事件或危机时,制订详细的应急预案和响应措施至关重要。应急预案的存在确保了教师和管理层能够在危机情况下迅速采取行动。这不仅包括具体的行动步骤,还包括明确的责任分工和沟通机制。通过事先的演练和模拟,教育机构可以在紧急情况下从容应对,减少因突发事件带来的负面影响,维护校园的正常秩序和安全。

加强风险管理培训是提升教师和管理人员风险意识与应对能力的有效途径。通过系统的培训,风险管理的理念和方法能够在全员中得到普及,并且形成良好的风险文化。这种文化的形成需要全体教职工的参与和支持。通过集体的努力,教育机构能够建立一个全面的风险管理体系,为其长远发展提供坚实的保障。

第二章　高等教育质量管理

第一节　高等教育质量的内涵

一、高等教育质量的定义

高等教育质量的定义是一个多层次、多维度的复杂概念,它不仅涉及教育的结果,还涉及教育过程和投入。高等教育质量常被视为教育机构达成其教育目标和社会期望的程度。在这一框架下,质量的衡量不仅包括学术成就,还包括学生的全面发展、社会责任感的培养和创新能力的提升。历史背景也对高等教育质量的定义产生了深远影响,随着社会经济的发展和科技的进步,高等教育的质量标准不断演变,以适应新的挑战和需求。尽管如此,核心的教育质量定义仍然围绕着教育的有效性、效能性和公平性展开,这要求教育机构在提供高质量教育服务的同时,确保所有学生都能公平地获得教育资源和机会。

在高等教育质量的定义中,教育过程的质量是一个关键因素。教育过程不仅指课堂教学,还指课程设计、教学方法、师资水平和学生支持服务等方面。高质量的教育过程意味着教育机构能够提供丰富的学习资源和良好的学习环境,以促进学生的学习和发展。教师是教育过程中的核心要素,其教学能力和专业发展直接影响教育质量。因此,加强教师队伍建设,提升教师的教学水平和科研能力,是提高高等教育质量的关键措施之一。此外,教育过程的质量还受到管理体制、政策环境和社会文化等外部因素的影响,这些因素共同构成了高等教育质量的复杂生态系统。

高等教育质量也涉及教育结果的评估,即教育机构在培养学生方面取得的实际成效。教育结果通常通过学生的学业成就、就业能力和社会适应性来衡量。在全球化背景下,教育结果的评估标准逐渐趋同,国际排名和认证成为衡量高等教育质量的重要工具。然而,国内外差异依然存在,不同国家和地区在评估标准和方法上各有侧重。例如,有些国家更强调学生的创新能力和创业精神,而另一些国家则更关注学生的学术成绩和就业率。教育结果评估的复杂性要求教育机构在追求卓越的同时,保持对自身特色和优势的清醒认识,以形成具有竞争力的教育品牌。

在高等教育质量的定义中,教育投入是不可忽视的组成部分。教育投入包括资金、设施、技术和人力资源等方面。充足的教育投入能够保障教育机构在教学、科研和服务等方面的持续发展。近年来,随着高等教育大众化和国际化的推进,教育投入的有效性和效率成为关注的焦点。如何在有限的资源条件下,最大化教育投入的效益,是高等教育管理者面临的重要挑战。国内外比较研究显示,不同国家在教育投入的优先领域和分配机制上存在显著差异,这与其经济发展水平、教育政策和文化传统密切相关。因此,合理配置教育资源,提高教育投入的效益,是提升高等教育质量的重要途径。

二、高等教育质量的构成要素

(一)高等教育质量的教学方法

1.以学生为中心的教学方法

以学生为中心的教学方法强调学生在学习过程中的主体地位。这种方法要求教师根据学生的兴趣、需求和学习风格调整教学策略,提供适合学生的学习资源和环境,促进学生的自主学习能力和创新思维的发展。以学生为中心的教学方法不仅提高了学生的学习效果,也增强了他们的学习动机和自我效能感。

2.探究式学习

探究式学习是一种以问题为导向的教学方法,旨在通过学生自主探索和研究来获取知识。这种方法强调学生在真实情景中通过观察、实验和分析等方式进行学习。实施探究式学习需要教师设计有挑战性的问题情境,提供必要的支持和反馈,鼓励学生进行深度思考和合作学习。探究式学习不仅培养了学生的科学思维和研究能力,也提升了他们的创造力和团队合作精神。

3.混合式教学模式

混合式教学模式结合了传统课堂教学和在线学习的优势,为学生提供了更加灵活和个性化的学习体验。在混合式教学中,教师可以通过线上资源和工具丰富课堂内容,提高教学的互动性和趣味性。设计有效的混合式教学模式需要考虑课程目标、学生需求以及技术支持,并且通过合理的教学设计,实现线上线下教学的有机结合,进而提高教育质量。

4.基于项目的学习方法

基于项目的学习方法通过让学生参与实际项目实现知识的应用和技能的提升。这种方法强调学生在项目实施过程中的主动性和责任感,要求他们综合运用所学知识解决实际问题。基于项目的学习方法不仅提高了学生的实践能力和团队合作能力,也增强了他们的创新意识和职业素养。

5.互动式课堂教学

互动式课堂教学通过师生之间、生生之间的互动促进学习效果的提高。这种教学方法注重通过问题引导、角色扮演等方式激发学生的参与热情和思维碰撞。互动式教学不仅提高了学生的学习积极性,也增强了他们的沟通能力和批判性思维。有效的互动式课堂教学需要教师精心设计互动环节,创造开放的学习氛围,鼓励学生积极参与和表达观点。

(二)高等教育质量的师资力量

高等教育的质量在很大程度上取决于师资力量的强弱。教师是知识的传递者和创新的推动者,其能力和素质直接影响教育的质量和学生的学习效果。高水平的师资力量不仅能够增强教学效果,还能促进学术研究和社会服务。因此,加强教师队伍建设,提升教师的整体素质,是提高高等教育质量的关键所在。

教师应具备扎实的专业知识和丰富的学术经验,以确保能够为学生提供高质量的教育。高等院校在招聘教师时,应注重考查应聘者的教育背景、研究成果及其在学术界的影响力。拥有高水平学术背景的教师能够更好地指导学生进行学术研究,培养学生的创新思维和实践能力。此外,教师的学术水平也体现在其参与国际学术交流和合作的能力上,这有助于提升学校的国际化水平和影响力。

优秀的教师不仅需要具备丰富的专业知识,还应掌握现代教育技术和教学方法,以提高课堂教学的效果。课程设计能力要求教师能够根据学生的需求和社会的发展趋势,设计出既有理论深度又有实践意义的课程。通过合理的课程设计,教师可以激发学生的学习兴趣,培养学生的批判性思维和创新能力,从而提升整体教育质量。

高水平的科研能力能够推动学科的发展,提升学校的学术声誉。教师在科研活动中不仅是知识的创造者,也是学生科研能力培养的引导者。教师的学术贡献体现在其发表的学术论文、参与的科研项目以及在学术界的影响力。通过科研活动,教师能够将最新的研究成果融入教学中,更新教学内容,提升教育质量。

高校应为教师提供多样化的发展途径和继续教育机会,以帮助他们不断更新知识结构,提升专业素养。通过参加国内外的学术会议、进修课程和培训项目,教师能够拓宽视野,掌握最新的教育理念和教学方法。此外,学校还应建立有效的激励机制,鼓励教师在职业发展的不同阶段实现自我提升和突破。

教师的团队合作和跨学科交流能力是现代高等教育中不可或缺的素质。在知识经济时代,学科间的交叉与融合成为推动创新和解决复杂问题的重要方式。教师应具备良好的团队合作能力,与同事共同开展教学和科研活动。跨学科交流能力要求教师能够与其他学科的专家进行有效沟通与合作,促进知识的整合与创新。这不仅能提升教师自身的专业能力,也能推动学校整体教育质量的提高。

(三)高等教育质量的科研水平

科研水平不仅反映了高校在知识创新、技术研发等方面的能力,也体现了高校在推动社会经济发展中的作用。高水平的科研能力能够促进高校吸引优秀的师资力量和学生资源,形成良性循环。科研水平的提升需要长期的积累和持续的投入,这包括科研基础设施的完善、科研团队的建设以及科研经费的保障等。

高等教育科研水平的评价指标体系是对高校科研能力进行科学、客观评价的重要工具。该体系通常包括科研成果数量与质量、科研项目的立项与完成情况、科研经费的获取与使用效率,以及科研人才的培养与发展等多个维度。通过构建合理的评价指标体系,可以有效促进高校科研工作的规范化和标准化,促使科研水平不断提升。此外,评价指标体系的设计应兼顾国际标准和本土实际,确保其科学性和可操作性,为高校科研水平的提升提供有效的指引。

科研成果的国际发表与影响力是衡量高校科研水平的关键因素之一。国际发表代表了科研成果的质量和创新性。高影响力的国际发表有助于提升高校的国际声誉和学术地位,吸引更多国际化的科研合作机会。此外,科研成果的国际影响力还体现在被引用次数、参与国际学术会议,以及获得国际学术奖项等方面。

科研项目的获得与资金支持情况直接影响高校科研活动的开展和科研水平的提升。获得高水平的科研项目不仅是对高校科研能力的认可,同时也为科研活动提供了必要的资金保障。资金支持决定了科研设施的完善程度、科研人员的激励机制及科研活动的持续性和创新性。高校应积极争取各类科研项目和资金支持,优化资源配置,提升科研产出质量,为高等教育质量的提升奠定坚实的基础。

学术交流与合作研究的广泛性是提升高校科研水平的重要途径。通过与国内外高校、科研机构的合作,能够拓宽研究视野,引进先进的研究方法和技术,促进科研创新。同时,广泛的学术交流有助于建立高水平的科研团队,拓宽科研人员的国际视野。高校应积极搭建学术交流平台,鼓励教师和学生参与国际学术交流活动,推动合作研究的深入开展,提升科研水平。

科研与教学结合的有效性与实践价值是高等教育质量的重要体现。将科研成果融入教学过程,不仅可以激发学生的学习兴趣和创新思维,还能增强教学内容的前沿性和实用性。科研与教学的结合要求高校在课程设计、教学方法、评价体系等方面进行创新,促进学生全面发展。同时,教师在教学中运用科研成果和方法,有助于提升自身的科研能力和教学水平,实现科研与教学的良性互动。

第二节　高等教育质量保障体系

一、内部质量保障

(一)内部质量保障体系的构成要素

内部质量保障体系包括明确的质量标准、有效的管理结构、完善的政策制度及持续的评估和改进机制。这些要素共同作用,确保教育机构能够在快速变化的环境中维持和提升教育质量。质量标准的设定需要结合国内外比较的视角,以满足国际化教育的需求。管理结构需要明确各级管理者的职责和权限,确保决策的科学性和执行的有效性。政策制度的完善为质量保障提供了制度化的支持,确保各项工作有章可循。评估和改进机制的持续运作是保证质量提升的动力源泉,因此应通过定期的审查和反馈,发现问题并及时调整策略。

(二)内部质量保障的目标设定与评估机制

目标设定应当符合教育机构的使命和愿景,且具有可衡量性和可实现性。目标的设定者不仅要考虑当前的教育环境,还要预见未来趋势,以保持教育的前瞻性和竞争力。在目标实现过程中,评估机制的建立尤为重要。评估机制应当包括定量和定性的指标,并且通过数据分析和案例分析相结合的方式,全面评估教育质量的各个方面。评估结果不仅用于衡量目标的达成度,还应作为调整和优化教育策略的重要依据。通过科学的评估机制,教育机构能够及时发现不足,进行有效的质量改进。

(三)内部质量保障的责任分配与角色明确

高效的质量保障体系需要明确各个层级和部门的责任,确保每一个环节都有具体的负责人。角色的明确不仅能提高工作效率,还能增强各部门之间的协作。责任的清晰分配能够避免责任推诿和管理真空的现象。同时,各角色需要具备相应的专业能力和素养,以胜任其职责。在角色明确后,还应通过培训和发展计划,持续提升人员的专业水平和管理能力,以适应不断变化的教育质量要求。

(四)内部质量保障的反馈与改进流程

有效的反馈机制能够及时收集教学和管理过程中的信息。反馈的来源可以是学生、教师及其他利益相关者。在反馈的基础上,制定改进措施时需要考虑各方意见,确保措施的可行性和有效性。改进流程的实施需要有明确的时间表和责任人,以确保改进措施能够落到实处。通过反馈与改进的闭环管理,教育机构能够实现质量的持续提升。

(五)内部质量保障的数据收集与分析方法

数据收集需要有系统的规划和执行,以确保数据的完整性和准确性。数据的种类包括教学质量、学生满意度、就业率等多方面的信息。通过先进的数据分析工具和方法,可以对收集到的数据进行深入分析,识别出影响教育质量的关键因素。数据分析的结果不仅用于质量评估,还可以用于指导决策和政策制定。通过数据驱动的管理模式,教育机构能够更好地适应外部环境的变化,并且实现内部质量的持续改进。

二、外部质量保障机制

(一)外部质量保障机制对高等教育的影响分析

外部质量保障机制通过设定国家和地区的教育标准,确保高等教育机构在教育质量上保持一致性和可比性。这些标准不仅为各类院校提供了明确的质量目标，也为各类院校在未来的发展指明了方向。通过这些标准的实施，高校能够在课程设置、教学方法和评估体系等方面进行系统的改进，以达到预期的教育成果。同时，这些标准也在一定程度上减少了教育资源的浪费，使教育投入更加有效。

外部质量保障机制通过促进高等教育机构之间的合作与交流，推动最佳实践的分享与经验的互鉴，这进一步提升了教育质量。各类高校在此机制的引导下，能够积极参与国际和国内的教育研讨会、论坛及合作项目。这种合作不仅能提高各机构的教学水平，还能为学生提供更广阔的学习和交流平台，使他们能够在多元文化和多样化的学术环境中成长。通过这种方式，各高校能够借鉴其他机构的成功经验，避免重复错误，从而更有效地实现教育目标。

外部质量保障机制还为高等教育提供了透明的质量标准和评估过程。透明的质量标准和评估过程使社会各界，包括学生、家长和用人单位，能够清晰地了解各高校的教育质量和办学水平。这种透明度不仅提高了高校的社会声誉，也增强了高校吸引优秀生源的能力。在此背景下，高校需要不断提高自身的教育质量，以满足社会和市场的需求，从而在激烈的教育竞争中立于不败之地。

外部质量保障机制为高等教育机构提供了评估与认证的框架，帮助高等教育机构识别和改进教育质量中的不足之处。通过定期的评估和认证活动，外部机构能够对高校的教学、科研和管理等各方面进行全面的审视。这种评估不仅帮助高校发现自身存在的问题，还为高校提供了切实可行的改进建议。在此过程中，高校能够根据外部评估的反馈，制订相应的改进计划，以不断提高教育质量，满足学生和社会的期望。

外部质量保障机制促进了高等教育的国际化，使各国高校能够在全球范围内进行质量的比较与提升。这种国际化的质量保障机制不仅推动了全球教育标准的趋同，也为各国高校提供了一个互相学习和竞争的平台。通过参与国际化的质量保障活动，高校能够提高自身的国际声誉，吸引更多的国际学生和学者，从而增强其在全球教育市场中的竞争力。国际化的质量保障机制也使学生在完成学业后，能够在全球范围内顺利就业和深造。

（二）高等教育质量保障的外部协作机制探讨

在高等教育质量管理中，高等教育质量保障不仅有赖于内部机制的完善，还需要外部协作机制的支持，以确保教育质量的全面提升。外部协作机制通过引入多元化的外部力量，如政府、行业组织、专业认证机构等，形成对高等教育机构的监督和反馈机制。这种机制的建立不仅能够促进高校管理的透明化和规范化,还可以引导高校更好地适应社会需求,提升教育质量的社会认可度。

外部协作机制在高等教育质量保障中扮演着关键角色。通过与外部机构的合作,高校能够借学习内外先进的质量管理理念和实践经验,推动自身质量保障体系的创新和完善。外部协作机制的实施有助于高校在质量管理过程中,形成多主体参与、多维度评价的格局,从而提升教育质量的整体水平。此外,外部协作机制还能够促进高校与社会各界的互动与沟通,增强高校的社会责任感和服务意识。

在高等教育质量保障的外部协作机制中,政府的政策引导和支持是不可或缺的。政府可以通过制定相关政策法规,建立质量评估标准,推动高校质量保障体系的建设。同时,政府可以通过财政支持、政策激励等手段,鼓励高校与外部机构的合作,促进高等教育质量的持续提升。此外,行业组织和专业认证机构的参与也为高校质量保障提供了重要的外部支持。这些机构通过对高校教育质量的评估和认证,帮助高校发现问题、改进不足,提升教育质量的整体水平。

外部协作机制的实施需要高校在管理理念、组织结构和运行机制上进行相应的调整和优化。高校应主动地与外部机构建立合作关系,充分利用外部资源,提升自身的质量保障能力。同时,高校还需要建立健全的内部管理机制,确保外部协作机制的有效运行。在这一过程中,高校管理者需要具备开放的视野和创新的思维,能够灵活应对外部环境的变化,推动高校质量保障体系的不断完善。

第三节　高等教育质量评估与监测

一、高等教育质量评估指标体系

(一)教学效果测评指标

在高等教育质量管理中,教学效果测评指标是评估教育质量的重要组成部分。教学效果测评的基本指标体系包括学生学习成果、课程满意度和教师评价等多维度指标。这些指标不仅反映了教学活动的直接结果,也揭示了教学过程中的潜在问题。通过对这些指标的分析,可以为高等教育机构提供有价值的反馈,帮助其优化教学设计和提升教育质量。教学效果测评指标的构建需要综合考虑多方面因素,以确保其科学性和有效性。

对于学生学习成果的评估,具体评估方法包括期末考试、作业完成情况和项目实践等多种形式。这些评估方法各有其独特的优势和局限性。例如,期末考试能够全面检验学生在课程结束时的知识掌握情况,但可能忽视学生在学习过程中的进步与成长。作业完成情况可以反映学生的持续学习状态和日常学习能力;项目实践关注学生的综合应用能力和创新思维。通过多种评估方法的结合,可以更全面地反映学生的学习成果。

对于课程满意度调查,问卷的构建应当合理,确保能够准确反映学生的真实感受。样本选择要具有代表性,以确保调查结果的广泛适用性。在进行数据分析时需要采用适当的统计方法,以揭示隐藏在数据背后的趋势和问题。通过课程满意度调查,教育机构可以了解学生对课程内容、教学方法和学习环境的满意度,从而为课程改进提供依据。

教师教学能力的评估标准通常包括课堂管理、教学创新和师生互动等方面。课堂管理能力直接影响教学的有序进行和学生的学习效果。教学创新能力体现了教师在教学方法和内容上的灵活性与创造性。师生互动是教学过程中不可忽视的因素,良好的互动可以激发学生的学习兴趣和主动性。

(二)学生发展状况评估

在高等教育质量管理中,评估学生发展状况时,不仅要关注学生在学术上的表现,还要关注他们的全面发展。通过多维度的指标,深入分析学生的综合素质,如学术能力、社交技能和心理健康等方面。这些指标不仅反映了学生在课堂上的学习效果,也揭示了他们在与他人交流、团队合作及面对压力时的能力。通过这种评估,教育机构能够更好地了解学生的整体发展状态,进而调整教学策略和资源分配,以支持学生的全面成长。

学生职业发展能力评估是高等教育质量管理的重要组成部分。该评估关注学生在实习经历、职业规划和就业率等方面的表现。通过分析这些因素,教育机构可以评估学生在职场上的竞争力和适应性。实习经历是学生将理论知识用于实践的重要途径,而职业规划则反映了学生对未来发展的思考和准备。就业率作为一个直接的结果指标,能够客观地反映教育质量的高低。通过这些评估,学校可以识别出课程设置和职业指导中的不足,从而为学生提供更有针对性的支持。

学生参与课外活动的评估是全面了解学生发展的重要手段。通过考查学生在社团活动、志愿服务和创新实践中的表现,可以评估他们在课外的成长和发展。参与课外活动不仅有助于学生拓宽视野,还能培养他们的组织能力、领导能力和创新精神。社团活动为学生提供了锻炼社交技能和团队合作能力的平台；志愿服务培养了学生的社会责任感和奉献精神；创新实践活动激发了学生的创造力和批判性思维能力。

评估学生自我发展能力时，应关注学生的自我管理、学习能力和适应能力等个人成长因素。这一评估维度强调学生在高等教育阶段的自主性和自我驱动力。自我管理能力是学生在复杂的学习环境中有效规划和调控自身行为的基础；学习能力是学生获取和应用知识的核心素养；适应能力反映了学生面对变化和挑战时的应对策略。通过评估这些能力，教育机构可以识别出学生在个人发展中的优势和不足，从而提供更有针对性的支持和指导，以促进学生的自我成长和全面发展。

(三)学校管理与资源配置评估

学校管理与资源配置评估在高等教育质量管理中占据重要地位。有效的学校管理结构是确保教育机构良好运作的基石。通过评估各级管理人员的职责分配与协作机制，可以判断管理结构的有效性。管理人员的职责明确且协作顺畅，能够提高整体管理效率，促进学校目标的实现。此外，管理结构还应灵活应对教育环境的变化，以保持高效运作。这种评估不仅关注现有管理体制的优劣，还需要为未来的管理改进提供可行的建议。

资金、设备与人力资源的有效使用直接影响教育质量。通过详细分析这些资源的使用情况，可以判断其配置是否合理。合理的资源配置能够最大限度地支持教学与科研活动，提高教育机构的整体效益。同时，评估资源配置时，需要关注资源使用的透明度与公平性，以确保所有利益相关者的需求得到满足。这种评估不仅有助于优化现有资源配置，还能为未来的资源管理提供指导。

良好的教学设施与环境能够激发学生的学习兴趣，提高教师的教学效果。因此，在学校管理与资源配置评估中，需要关注设施的现代化程度、环境的舒适性及其对教学活动的支持力度。适宜的教学环境不仅包括物理设施，还包括数字化学习资源的可用性与便利性。这种评估有助于识别设施与环境中的不足之处，为学校的基础设施建设与改进提供依据。

高效的信息流动能够促进各部门之间的协作，提高决策的及时性与准确性。因此，在评估过程中，需要观察信息流动的渠道、速度及信息的准确性。良好的沟通机制能够减少信息误差，增强组织的凝聚力与执行力。这种评估不仅有助于优化学校的沟通机制，还能为信息管理系统的改进提供方向。通过全面的评估，学校能够识别沟通与信息流动中的障碍，从而提升整体管理水平。

二、质量监测的手段

(一)智能化监测技术的应用

现代智能监测系统具备实时数据采集能力,能够迅速获取与教育质量相关的多维度数据。这些数据不仅包括学生的学术表现,还包括教学过程、教师反馈及学习环境等多方面的信息。通过高效的数据采集,教育管理者能够全面了解当前教育质量的现状,为进一步的分析与决策提供坚实的基础。这种实时性和全面性是传统监测手段难以企及的。

在智能化监测技术的支持下,大数据分析得以广泛用于教育质量管理中。大数据分析不仅能够识别出影响教育质量的关键因素,还能揭示这些因素之间的复杂关系。通过对大量数据的深入挖掘和分析,教育管理者可以更清晰地理解哪些因素对教育质量产生显著影响,从而为提升教育质量的决策提供科学依据。这种数据驱动的决策方式有助于制定更加精准和有效的教育政策,最终促进教育质量的持续提升。

智能化监测工具的用户友好界面设计不仅提升了系统的操作性,也使教师和管理人员能够轻松进行数据查询和分析。通过直观的界面,用户可以快速获取所需要的信息,并进行相应的分析和决策。这种便捷性降低了技术使用的门槛,使更多教育从业者能够参与教育质量的监测与管理,进而推动教育质量的全面提升。

基于人工智能的预测模型在教育质量管理中发挥越来越重要的作用。通过对历史数据的分析,预测模型能够准确预测教育质量的变化趋势。这种预测能力为教育机构提前制定应对策略提供了可能,并且使学校能够在问题出现前采取相应措施,降低教育质量波动带来的风险。

智能监测系统在数据安全性与隐私保护方面的措施是其成功应用的关键。随着数据采集和分析的深入,学生和教师的信息安全成为关注的焦点。智能监测系统通过多层次的安全措施,确保防止信息泄露和滥用。这种安全保障不仅维护了学生和教师的权益,也为智能化监测技术的广泛应用奠定了基础。

(二)实时数据监控系统的应用

实时数据监控系统能够实时监测高等教育机构中的各类数据,包括学生的学习状态、教师的教学表现、课程资源的利用情况、学习成果的评估结果等。这些数据提供了关于教育质量现状的丰富信息,为后续的分析和改进提供了数据支持。

在学生学习状态方面,实时数据监控系统能够记录学生的出勤情况、课堂参与度、作业完成情况、在线学习行为等数据。这些数据能够反映学生的学习态度、学习进度和学习效果,帮助教师及时发现学生的学习问题,并且采取针对性的辅导措施。同时,系统还能够通过数据分析,发现学生的学习偏好和学习难点,为个性化教学提供依据。

在教师教学表现方面,实时数据监控系统能够收集教师的教学计划、教学内容、教学方法、教学效果等数据。通过对这些数据的分析,可以评估教师的教学质量,发现教学中的优点和不足。例如,系统可以统计教师的教学进度与课程大纲的匹配度,分析教师的教学方法与学生的学习效果之间的关系,从而提出改进教学质量的建议。

在课程资源的利用情况方面,实时数据监控系统能够监测课程资源的访问量、下载量、使用率等数据。这些数据能够反映课程资源的受欢迎程度和使用效果,帮助教育机构优化课程资源的配置,提高资源的利用率。同时,系统还能够通过分析课程资源的使用数据,发现课程资源中可能存在的问题,如内容过时、难度不匹配等,从而及时进行更新和改进。

在学习成果的评估结果方面,实时数据监控系统能够收集学生的考试成绩、论文质量、实习表现等数据。这些数据能够反映学生的知识掌握程度、实践能力和创新能力。通过对这些数据的分析,可以评估学生的学习质量,发现学生的学习差距和潜力,为后续的教学和培养提供参考。

除了以上几方面的数据收集和分析外,实时数据监控系统还能够为高等教育质量检测提供其他方面的支持。例如,系统可以实时监测教育机构的财务状况、师资力量、教学设施等数据,为教育资源的合理分配和优化提供决策依据。同时,系统还能够通过数据分析,发现教育机构在管理、教学、服务等方面可能存在的问题,提出改进建议,推动教育机构的持续改进和发展。

三、质量评估与监测的实施步骤

(一)确定评估计划与策略

1.明确评估目标与预期成果

通过明确的目标设定,学校能够确保评估活动的方向性和目的性,从而使评估结果能够真正反映教育质量的现状,并为后续的改进提供可靠依据。在评估计划的制订中,应充分考虑学校的长远发展目标,确保评估活动的开展能够在战略层面上促进学校的整体提升。

2.选择适合的评估方法与工具

结合定量与定性评估手段,可以全面地反映教育质量的多维度特征。定量评估方法通常通过数据分析来揭示教育过程中的规律和趋势,而定性评估则注重对教育现象的深度理解和解释。二者的结合能够提高评估的全面性和准确性。在选择评估工具时,应考虑其适用性和有效性,以确保能够准确地收集和分析数据,从而为决策者提供有价值的信息支持。

3.组建多元化的评估团队

一个有效的评估团队应由不同领域的专家组成,以确保团队成员具备相关领域的专业知识与实践经验。多元化的团队能够从不同的视角分析问题,提出更加全面和创新的解决方案。在团队的组建过程中,应注重成员之间的协作与沟通,以发挥团队的整体效能。通过团队的集体智慧和努力,评估工作能够更加深入、全面地开展,从而提升评估结果的可靠性和实用性。

4.设计详细的时间表与进度安排

一个清晰的时间表能够帮助评估团队合理分配资源,确保各阶段任务的及时完成。在制订时间表时,应充分考虑各个环节的复杂性和可能遇到的困难,以便为评估过程的顺利进行预留充足的时间和空间。此外,还应灵活调整进度安排,以适应评估过程中可能出现的变化和挑战,从而确保评估活动的连续性和有效性。

(二)进行数据收集与分析

为了确保获取全面的信息,收集数据需要使用多样化的方法,这包括问卷调查、访谈、观察和文献分析等。这些方法各有其独特的优势。问卷调查能够快速收集大量数据;访谈提供了更深入的见解;观察可以捕捉到自然情境下的行为;文献分析帮助理解已有研究的背景和理论支持。通过结合这些方法,可以保证信息的全面性与多样性,从而为高等教育质量评估提供可靠的数据基础。

数据收集工具的设计是确保数据质量的关键环节。在设计时,应强调工具的有效性、可靠性和可操作性。有效性指的是工具能否准确测量内容；可靠性涉及工具在不同时间和不同条件下的稳定性和一致性；可操作性要求工具设计简洁明了，易于被使用者理解和操作。通过严格遵循这些要求，数据收集工具能够在实际应用中生成高质量的数据，进而为后续的数据分析提供坚实的基础。

在数据分析阶段，定量数据分析方法如统计分析和回归分析被广泛应用。这些方法能够帮助识别和解释数据中的趋势与关系。例如，统计分析可以揭示学生成绩与教学方法之间的关联；回归分析能够预测某些教育措施对学习效果的潜在影响。这些分析方法不仅能够验证假设，还能为教育政策的制定提供科学依据，确保教育质量管理的有效性。

定性数据分析方法，如内容分析和主题分析，侧重于深入理解受访者的观点和体验。这些方法通过对文本数据的系统化处理，识别出关键主题和模式，帮助研究者理解复杂的教育现象。内容分析可以揭示教师和学生在教育过程中的真实感受；主题分析能够总结出共同的经验和挑战。

数据可视化技术的应用是沟通评估发现的重要手段。通过图表和图形的方式呈现分析结果，可以使复杂的数据更加直观易懂。这不仅有助于研究者更好地理解数据，还能帮助教育管理者和政策制定者快速获取关键信息，做出明智的决策。

(三)建立反馈机制并且利用评估结果

反馈机制的建立不仅是信息传递的过程，也是促进教育质量提升的重要手段。通过建立定期反馈会议机制，评估结果能够被及时传达至各级管理人员和教师。这一机制的核心在于促进信息共享与沟通，确保每位参与者都能清晰了解当前的教育质量状况及其在其中的角色与责任。同时，定期的会议为教师和管理人员提供了一个互动的平台。在此平台上，他们可以对评估结果进行深入讨论，从而形成共识并制定切实可行的改进策略。

在反馈机制的基础上，制订具体的改进计划是推动教育质量持续改进的关键。针对评估结果中发现的问题，学校需要明确责任人，并设计详细的整改措施。这样的计划不仅有助于解决当前存在的问题，还能为未来的质量提升奠定基础。通过明确的责任分工和有效的措施实施，学校能够在质量管理的道路上稳步前行。这一过程还需要各级管理人员与教师的紧密协作，以确保各项措施能够得到有效落实，并在实践中不断优化与完善。

利用评估结果进行教师培训与发展是提升教学质量的有效途径。评估不仅是对现状的反映,也是发现不足与潜力的契机。针对教学效果的不足之处,学校可以提供针对性的专业发展机会与支持。这不仅包括传统的培训课程,还包括观摩优秀教学案例、参与研讨会等多种形式。通过这样的培训与发展计划,教师不仅能提升自身的教学能力,还能在教育实践中不断创新与突破,从而推动整体教育质量的提升。

将评估结果纳入学校绩效考核体系,可以有效激励教师和管理人员关注教育质量的提升。通过绩效考核,教师和管理人员能够更加清晰地认识到自身在教育质量提升中的作用和责任。这种激励机制不仅增强了他们的责任感与使命感,也促使他们在日常工作中更加注重教学质量的提升。通过这种方式,学校也能够激励全体教职员工不断追求卓越。

四、评估结果的数据分析与应用

(一)评估结果的数据解读与反馈

数据解读需要结合具体的教育目标与标准进行,以确保反馈的针对性和有效性。通过对评估结果的深入分析,管理者和教师能够获得关于教学质量的全面认识,从而推动教育质量的持续提升。建立一套系统化的数据解读机制,可以帮助教育机构更好地理解评估结果的内涵,明确当前教育实践中的优势与不足,为后续的教育决策提供坚实的依据。

为了确保评估结果能够被有效地转化为改进措施,建立多层次的反馈机制显得尤为重要。通过分层次的反馈机制,管理人员可以及时了解整体教育质量状况,制定相应的政策与措施;教师可以获得具体的教学改进建议,提升其教学实践的有效性。这种分层次的反馈机制不仅提高了信息传递的效率,也增强了教育质量管理的针对性和实效性。

在反馈中,具体的改进建议能够帮助教师和管理者明确改进方向与措施。评估结果的反馈应提供切实可行的改进方案,以指导教师和管理者在实践中进行调整和优化。通过提供具体的改进建议,教育机构可以有效地引导教师和管理者关注教学实践中的关键问题,激发他们的创新思维和实践热情,从而推动教育质量的整体提升。

(二)评估结果对教学质量提升的推动

评估结果为教师提供了针对性的反馈,帮助其识别教学中的优劣势。教师可以根据评估反馈,深入分析自身教学方法的有效性,进而有针对性地进行教学策略的调整和优化。这种反馈机制不仅提升了教师的自我反思能力,也促使他们在教学实践中不断追求卓越。

评估结果的分析还有助于学校制订更精准的教师培训计划。通过对评估数据的解读,学校可以识别出教师在专业能力和教学水平上的短板,从而设计出具有针对性的培训项目。这些培训项目能够有效提升教师的教学技能和学科知识储备,最终提升课堂教学效果。

评估结果在教学资源的配置上也发挥了重要作用。通过对评估数据的深入分析,学校能够识别出哪些教学方法和材料在实际应用中效果显著。基于这些信息,学校可以优化资源配置,确保优秀的教学方法和材料能够被广泛用于课堂教学中。这种资源的有效配置不仅提升了教学质量,也促进了教育资源的公平使用。

评估结果的应用增强了学校对教学质量的监控力度。通过建立基于评估结果的持续改进机制,学校能够及时发现教学过程中的问题,并采取有效措施加以解决。这种持续改进的机制不仅确保了教学质量的稳步提升,也形成了学校内部良好的教学质量文化。学校通过定期的评估和反馈,不断完善教学管理体系,推动教学质量的不断提升。

评估结果为学校制定和调整教学政策提供了重要依据。通过对评估数据的分析,学校能够更准确地了解教学中的实际需求,从而制定出更加符合实际的教学政策。这些政策的调整和优化不仅提升了学校的教学管理水平,也确保了教学活动的有效性和针对性,最终促进了整体教学质量的提升。

第三章　高等教育教学管理

第一节　教学计划与课程设置管理

一、教学计划的制定流程

(一)教学目标的设定与课程要求分析

教学目标应明确课程的知识、技能和态度要求,以指导学生的学习方向。这一过程需要教育者深入理解课程内容,结合学科特点和社会需求,确保课程的相关性。通过明确的教学目标,教育者能够为学生提供清晰的学习方向,帮助他们在学习过程中逐步掌握所需要的知识和技能。教育者不仅要关注学生的学术发展,还应包括态度和价值观的培养,以实现全面的教育目标。

教学目标的设定应基于学生的学习水平与背景,确保目标的可达性。由于每个学生的学习背景和能力水平各不相同,因此在设定教学目标时,必须考虑学生的多样性。教学目标的设定过程应灵活,以适应不同学生的学习需求和节奏。同时,通过合理的目标设定,激发学生的学习兴趣,增强他们的学习动力,使他们在学习过程中能够不断取得进步,获得成就感。

课程要求分析要求教育者应考虑学科特点与社会需求。通过分析,课程设置可以更符合实际,确保学生所学内容在未来职业生涯中具有应用价值。课程要求不仅要反映学科的专业性,还要与社会、经济发展的趋势相吻合,以培养适应未来社会的创新型人才。在此过程中,教育者应积极与行业专家、用人单位沟通,获取最新的行业动态和需求,确保课程内容的前沿性和实用性。

课程要求应涵盖评估标准,以便后续的学习效果检验与反馈。评估标准不仅是衡量学生学习效果的工具,也是反馈教学质量的重要依据。通过合理的评估标准,教师可以及时了解学生的学习情况,发现教学过程中的不足,并进行相应的调整和改进。同时,评估标准也为学生提供了明确的学习目标和方向,帮助他们在学习过程中自我反思和提升。

教学目标与课程要求的制定应促进跨学科的整合,以培养学生的综合素质。在现代社会,单一学科的知识已无法满足复杂问题的解决需求。因此,高校应鼓励跨学科整合,以培养学生的综合素质和创新能力。通过跨学科的课程设计,学生不仅能够掌握多领域的知识,还能提高解决实际问题的能力,为未来的职业发展奠定坚实的基础。

(二)课程内容的选择与组织

在高等教育教学管理中,课程内容的选择与组织是确保教学质量和学生发展的一项关键任务。选择课程内容时,应基于学科核心知识,确保学生不仅掌握必要的理论基础,还要具备实际操作的能力。通过这种方式,教育机构能够提供一个全面的学习框架,使学生在理论和实践之间建立牢固的联系。

随着科技的迅猛发展和学术研究的不断推进,选择课程时也需要关注前沿研究和技术发展。这确保了课程内容的及时性和创新性,并且使学生能够接触到最新的学术成果和技术应用。这种前瞻性的课程设计不仅能够激发学生的学习兴趣,还能培养他们的创新思维和解决问题的能力。通过引入最新的研究成果和技术应用,课程能够更好地连接理论与实际,帮助学生在快速变化的全球环境中保持竞争力。

在组织课程内容时,必须充分考虑学生的学习进度。模块化设计是一种有效的策略,它允许学生以分阶段的方式学习和掌握知识。这种设计方法不仅可以帮助学生逐步积累知识,还能根据不同学生的学习节奏进行调整,使每名学生都能在适合自己的速度下学习。此外,模块化设计还为教师提供了灵活的教学方案。

课程内容的组织应促进学生的自主学习和合作学习。通过鼓励团队项目和跨学科交流,学生能够在实际情境中应用所学知识,并从他人的经验中学习。这种学习方式不仅提高了学生的沟通能力和团队合作精神,还促进了不同学科之间的知识融合。自主学习和合作学习的结合使学生能够在多样化的学习环境中培养独立思考和解决复杂问题的能力。

(三)教学进度安排与资源配置

在高等教育教学管理中,科学安排教学进度时,需要充分考虑不同课程的难易程度,以便合理分配学习时间,确保学生能够循序渐进地掌握知识。这不仅涉及课程内容的设计,还涉及对学生学习节奏的把握和调控。通过合理的进度安排,学生可以在学习过程中逐步构建知识体系,避免因课程过于紧凑或松散而导致的学习效率低下。此外,安排教学进度时,还应根据学生的学习能力和实际进度及时调整课程节奏,确保教学活动的有效性和针对性。

为了满足课程实施的实际需求,应对资源进行配置。这不仅包括物质资源的优化配置,还包括人力资源的优化配置。高等教育机构应确保教师能够获得足够的教学支持和培训,以提升他们的教学能力和专业素养。同时,现代化教学技术的引入,如在线教学平台和多媒体资源,也为教学活动的丰富性和多样性提供了有力保障。通过合理的资源配置,可以有效提升教学效果,促进学生的全面发展。

沟通机制的建立是促进教学进度安排与资源配置有效性的关键因素。通过建立有效的沟通机制,教师之间以及教师与学生之间的信息交流得以顺畅进行。这不仅有助于资源共享和经验传递,还能促进教学团队的协作与创新。沟通机制的完善可以帮助教师及时了解学生的学习反馈,调整教学策略,优化课程设计。同时,学生也能通过反馈机制表达学习需求和困难,从而获得更有针对性的指导和支持。

教学进度与资源配置的持续优化需要结合评估与反馈机制。在教学过程中,通过定期的评估和反馈,可以及时发现教学中的问题和不足之处,从而进行有效的调整和改进。通过持续的评估和反馈,教学管理者可以积累经验,形成良好的教学管理模式,提高整体教学质量。同时,评估与反馈机制为教师的专业发展提供了重要依据,推动教师队伍的建设和发展。

二、课程设置的标准

(一)课程设置的科学性与合理性

科学性体现在课程的逻辑性、系统性和协调性上,而合理性则要求课程设置应符合教育规律和学生的认知发展水平,以实现最优的教学效果。

课程设置应基于学生的学习需求,确保课程内容能够激发学生的学习兴趣和求知欲,满足不同层次学生的学习目标。高等教育的课程设置者需要从学生的实际需求出发,设计出能够激励学生的课程内容。例如,课程内容应包含能够引发学生深层次思考的知识,以培养他们的批判性思维能力。通过针对不同学习目标层次的课程设计,教育机构可以更好地满足学生的个性化学习需求,提升整体教学质量。

现代高等教育强调学科之间的交叉与合作,因为这种跨学科的学习方式能够拓宽学生的知识面,提升他们的创新能力。课程设置者应鼓励学生在不同学科之间进行探索和学习。学科交叉的课程设计不仅丰富了学生的学习体验,也有助于培养符合社会需求的复合型人才。

　　课程设置需结合行业需求与社会发展,以确保课程内容的实用性与前瞻性。随着社会和行业的不断变化,高等教育的课程内容不仅要具有实用性,使学生能够在毕业后迅速适应职业环境,还要具有前瞻性,以帮助学生预见未来的发展趋势。通过与行业的密切合作和对社会发展的深入研究,教育机构可以设计出既符合当前需求又具有前瞻性的课程。

(二)课程设置的创新性与灵活性

　　课程设置的创新性体现在课程设计中融入实践性项目和实习机会。通过这些实践环节,学生能够将理论知识用于实际操作,提高其实际操作能力和职业素养。这不仅有助于学生更好地理解所学知识,还能够提高其就业竞争力,为未来的职业生涯打下坚实的基础。教师在将实践性项目的同时融入课程设计中,也应注重与行业企业的合作,以确保实习机会的质量和相关性。

　　为了适应现代教育环境的多样化需求,课程设置者还应当鼓励多样化的学习方式。在线课程、翻转课堂等新型教学模式的引入能够有效地满足不同学生的学习风格和需求。这些创新的教学方式不仅提高了学习的灵活性,还为学生提供了更多的自主学习空间。通过这些方式,学生能够在更加开放和互动的环境中进行学习,进而提高学习效果和学习兴趣。

　　课程设置的灵活性体现在跨学科的课程选项的引入上。通过允许学生根据个人兴趣和职业规划自由选择课程,高等教育机构能够更好地支持学生的个性化学习需求。这种灵活的课程选择机制不仅促进了学生的全面发展,还为他们提供了更多的职业发展途径。这种跨学科的学习方式能够激发学生的创新思维,培养他们的综合能力,使其在未来的职业生涯中更具有竞争力。

　　课程设置的创新性与灵活性还要求教育机构定应期评估和更新课程内容,以快速响应社会变化和行业需求。通过定期的课程评估,教育机构能够及时发现课程设置中的不足之处,并进行相应的调整,从而提高教学质量和教育效果,确保学生在毕业后能够顺利融入社会和职场。

(三)教师和学生需求的协调性

　　教师在课程设置中应积极参与,提供专业意见,以确保课程内容与教学目标相一致,满足学生的学习需求。这种参与不仅有助于课程结构的优化,还能增强课程的针对性和实用性。教师的专业知识和实践经验是课程设置的重要资源。通过有效的沟通与合作,教师可以将学科前沿动态和行业需求融入教学内容中,提高学生的学习兴趣和职业竞争力。

学生的反馈不仅是课程设置的重要参考,也是教师自我反思和专业成长的重要依据。因此,高校应建立反馈机制,定期收集学生对课程内容和教学方法的意见,以便教师及时调整教学策略。通过调查问卷、座谈会等形式,教育管理者和教师能够了解学生的学习体验和需求,识别课程中的不足之处,并进行改进。通过对学生意见的重视和采纳,可以实现教学过程的良性循环,提升教学效果。

课程设置不仅要满足学生的需求,也应考虑教师的专业发展需求。提供培训和资源支持是帮助教师提升教学能力和课程设计水平的有效途径。通过定期的培训、学术交流和资源共享,教师可以不断更新知识体系,提高教学技能。这不仅有助于教师自身的职业发展,也能为学生提供更高质量的教育服务,从而实现双赢的局面。

为了增强课程的适应性和有效性,应建立教师与学生之间的互动平台。这样的平台可以是线上的学习社区、课程讨论组或线下的交流活动。通过互动平台,教师可以及时获取学生的学习反馈,调整教学计划,而学生也能通过与教师的交流,更深入地理解课程内容和学习目标。这种互动不仅能提升教学质量,也能增强师生之间的信任和合作,形成良好的教学氛围。

(四)资源利用的有效性与可持续性

在高等教育机构中,教师之间、院系之间的资源交流与合作,可以有效避免资源的重复配置和浪费。通过共享机制,教师可以互相借鉴教学经验,利用他人的教学资源,从而丰富教学内容,提高教学质量。院系之间的合作也能够促进跨学科的资源整合,从而为学生提供更加多元化的学习机会。此外,资源共享还能够减轻个别教师和院系的资源压力,形成资源利用的良性循环。

鼓励采用环保材料和技术,不仅能够降低教育活动对环境的影响,还能在潜移默化中培养学生的环保意识。高等教育机构应积极引入可再生资源和低碳技术,通过绿色校园建设,推动可持续发展理念的普及。与此同时,教师在教学中应融入相关环保知识,引导学生关注环境问题,培养其可持续发展的责任感。

通过收集反馈信息,高等教育机构能够及时发现资源利用中的问题,并进行优化调整。评估过程应包括教师和学生的意见,以确保资源配置能够真正满足教学和学习的需求。通过持续的评估和改进,教育机构可以不断提升教学质量,最终实现教育资源的高效利用和可持续发展。

三、课程设置的动态调整与创新

(一)多学科融合与交叉课程开发

多学科融合课程通过结合不同学科的核心概念,为学生提供了一个多维度的知识框架,使他们能够在复杂的知识背景中进行思考与应用。这种课程设置不仅拓宽了学生的知识面,也增强了他们的创新能力和问题解决能力。在课程开发过程中,教师应积极探索不同学科之间的联系,设计出能够激发学生兴趣和创造力的课程内容。

设计跨学科课程时,需要结合不同学科的核心概念,以促使学生在多维度知识框架中进行思考与应用。通过这种方式,学生不仅能够掌握各学科的基本知识,还能在跨学科的背景下进行知识的整合与创新。这样的课程设计不仅提高了学生的综合素养,也为他们在多元化的社会环境中发展奠定了坚实的基础。

课程开发者应鼓励教师利用各自的专业知识共同设计课程,以培养学生的综合能力。教师合作可以打破学科之间的界限,形成更加开放和创新的教学环境。在这个过程中,教师们可以分享各自的专业视角和教学经验,共同探讨如何将不同学科的知识融会贯通。这种合作不仅有助于提高课程的质量和效果,也有助于构建一个更加多元和包容的学术共同体。

在多学科融合课程中,应关注实际问题的解决,鼓励学生运用跨学科知识进行项目研究和实践。通过实践项目,学生可以将课堂上学到的理论知识用于真实世界的问题解决中。这种教学方法不仅提升了学生的实践能力,也增强了他们的团队合作精神和沟通能力。在项目研究过程中,学生需要综合运用来自不同学科的知识,提出创新的解决方案,从而更好地适应未来的职业环境和社会需求。

(二)实时行业需求导入与课程调整

1.建立行业顾问委员会

通过定期邀请行业专家参与课程审查与建议,能够确保课程内容与快速变化的行业需求紧密对接。这不仅能提升课程的实用性,还能为学生提供更具有竞争力的学习体验,帮助他们在毕业后迅速适应职业环境。此外,这种机制还能为学校与行业之间建立更加紧密的联系,促进双方的长期合作。

2.实施动态课程评估机制

实施动态课程评估机制需要根据行业发展趋势和技术进步及时调整课程内容和教学方法。通过对课程进行定期评估,学校可以识别出哪些内容需要更新,哪些教学方法需要改进。这种动态调整不仅有助于维持课程的前沿性,还能提升学生的学习效果,使他们在毕业后能够更好地适应不断变化的职场环境。同时,动态评估机制为教师提供了不断提升自身教学能力的机会,从而使他们能够更好地满足学生的学习需求。

3.开展校企合作项目

通过这些项目,学生可以在实际工作环境中学习,获取行业反馈,从而促进课程的实时更新与调整。这种实践教学模式不仅能够增强学生的实践能力,还能帮助学校及时了解行业的最新动向和需求,从而在课程设置上做出相应的调整。此外,校企合作还为学生提供了宝贵的实习和就业机会,使他们能够在毕业后顺利进入职场。

4.定期收集行业需求信息

通过分析行业需求信息,高校可以指导课程设置,确保其与市场需求保持一致。市场调研不仅能够为课程的调整提供数据支持,还能为学校的整体发展战略提供重要参考。这种数据驱动的决策方式能够提高课程设置的科学性和合理性,从而提升学校的教育质量和社会影响力。通过这种方式,学校不仅能培养符合市场需求的人才,还能提升自身的竞争力和声誉。

(三)学生自主选择与个性化学习计划

通过提供多样化的课程选择,学生能够根据个人兴趣和职业目标,自主选择适合自己的课程。这种选择不仅增强了学生的学习主动性和参与感,还能促进他们在所选领域的深入探索和研究。

信息技术平台的应用为学生自主选择课程提供了极大的便利。通过建立在线课程选择系统,学生可以根据实时数据和资源进行自主选择,提升课程的灵活性和可及性。这种现代化的课程选择方式不仅能提高学生的选择效率,还能通过数据分析为课程设置提供科学依据。信息技术的引入使学生能够在一个多元化和动态化的环境中,自主规划自己的学习。

实施个性化学习计划是提升学习效果的关键策略。个性化学习计划强调因材施教,关注每位学生的独特学习方式和节奏。这种教学方法不仅提升了学生的学习体验,还能帮助他们更好地掌握知识和技能。通过个性化的课程规划,学生能够在适合自己的学习环境中苗壮成长,从而实现更高的学术成就。

第二节　教学质量管理

一、教学质量评价指标体系的构建

(一)教学质量评价指标的选择原则

1.科学性

科学性的评价指标能够为管理者和教育工作者提供准确的反馈。科学性不仅体现在指标的设计上,还体现在指标对教学活动的适用性和对教育目标的契合度上。为了达到这一目的,选择指标时应基于对教学活动的深刻理解,确保指标能够真实再现教学的复杂性和多样性。

2.全面性

全面的指标体系需要涵盖课程设计、教学方法、学习成果等多个维度,以便从多个角度全面评估教学质量。课程设计方面的指标应关注课程目标的明确性、内容的适切性及课程资源的丰富性;教学方法的指标应考量教学策略的有效性、课堂互动的频率及教学技术的应用情况;学习成果方面的指标需要反映学生的知识掌握程度、技能发展情况及综合素质的提升。

3.可操作性

可操作性是指所选指标应易于量化和评估,以便于实际应用和数据收集。可操作性的指标设计能够降低评价过程的复杂性,提高数据收集的效率,并为后续的分析和改进提供可靠的依据。在实际操作中,量化指标的设计需要结合定量和定性数据,以全面反映教学质量的不同层面。通过可操作性的设计,教育机构能够更好地实现对教学质量的持续监控和改进。

4.前瞻性

前瞻性的指标设计要求教育管理者在构建指标体系时,不仅要关注当前的教育现状,还要预测未来教育发展的方向和趋势。这样的设计能够引导教学活动朝着更高水平的目标迈进,并促进教育创新。在前瞻性指标的指引下,教育机构能够更好地应对快速变化的教育环境,保持其教学质量的领先地位。

5.相关性

相关性是指所选指标应与高等教育的目标和学生的需求紧密相连。相关性的指标能够确保评价过程与教育目标的一致性,并为学生的全面发展提供有力支持。在设计相关性指标时,需要充分考虑教育目标的多样性和学生需求的个体差异,以便为不同的教育背景和学习者提供适切的评价方案。通过相关性指标的应用,教学质量评价能够更好地服务于教育目标的实现和学生的成长。

(二)教学质量评价的量化与定性结合

量化评价指标的设计需要确保数据的准确性和可靠性,因为准确的数据有助于识别教学过程中的具体问题和优势,为后续的改进和创新提供坚实的基础。量化评价通过具体的数值反映教学的效果与效率,为管理者提供了直观的参考。

然而,单纯依赖量化指标可能会忽略教学中的细微差异,因此定性评价同样重要。在进行定性评价时,应结合教师和学生的反馈,深入了解教学过程中的实际问题和改进空间。通过访谈、观察和问卷调查等方法收集到的定性数据可以揭示教学中的细节和复杂性。这种评价方式能够捕捉到量化数据无法体现的教学动态和学习体验,从而拓展了评价体系的深度和广度。

通过将定性分析与量化数据结合,评价者能够形成更具说服力的教学质量报告。这种报告不仅能够直观地展示教学的成效,还可以揭示潜在的问题和改进方向,为教育决策提供有力的依据。

在教学质量评价中,可以将量化指标作为基础,而定性分析则揭示更深层次的教学效果和学习体验。这种双重评价体系能够更准确地反映教学的实际情况,帮助教育机构在竞争激烈的环境中保持优势。另外,通过这种方法,教育管理者和教师能够更有效地识别教学中的优劣势,从而制定更有针对性的改进策略,提升整体教学水平和学生的学习体验。

(三)教学质量评价指标的动态调整

随着全球化和信息技术的快速发展,应根据教育政策和社会需求的变化定期审查和更新教学质量评价指标,以确保其适应性和有效性。

建立反馈机制是动态调整教学质量评价指标的重要手段。通过定期收集教师、学生及相关利益方的意见,教育管理者可以及时了解教学实践中的实际问题和需求。这种反馈不仅能够反映当前教学质量的真实情况,还能为未来的教学改进提供依据。此外,反馈机制的有效运行需要一个透明和开放的沟通平台,以确保各方意见能够被充分表达和重视,从而使评价指标更具有针对性和实效性。

新兴技术和数据分析工具为教学质量评价指标的动态调整提供了技术支持。通过大数据分析,教育管理者可以动态监测教学质量指标的变化趋势,实时调整评价标准。这种技术手段不仅提高了评价的精确度和效率,还能通过数据挖掘发现潜在的问题和改进空间。

针对不同学科和专业特点,灵活调整评价指标是提高教学质量评价体系有效性的重要策略。不同学科和专业有各自的教学目标和方法,但是统一的评价标准往往难以全面反映其教学质量。因此,教育管理者需要根据学科特点和专业需求,制定差异化的评价指标,以确保评价的针对性和有效性。这种灵活调整不仅能够更好地服务于各学科的教学实践,还能促进学科间的协调发展。

定期召开专家研讨会,对教学质量评价指标进行动态修订和优化,是确保评价体系科学性和公正性的有效途径。专家研讨会为不同领域的专家提供了一个交流和讨论的平台,使多方意见碰撞和融合,从而形成更加全面和合理的评价标准。这种多元化的意见汇集和共识形成有助于提高教学质量评价体系的科学性和公正性,从而推动高等教育教学质量的持续提升。

二、教学过程质量监控机制

(一)教学环节的实时监控系统

实时监控系统通常涵盖课堂教学、实验操作、在线学习等多种教学形式,确保每一个环节都能达到预期的教学效果。通过对这些环节的连续性监控,教育机构能够及时发现并解决教学过程中的问题,从而有效提高教学质量。

实时监控系统的技术架构与实施方案是其成功运行的核心。通常,这些系统采用先进的物联网技术和云计算平台,结合大数据分析能力,实现对教学活动的实时捕捉与处理。在技术架构的设计中,设计者需要考虑系统的可扩展性和灵活性,以适应不同教学场景的需求。实施方案包括硬件设备的选型与部署、软件平台的开发与配置,以及网络环境的搭建等。在实施过程中,应确保系统的稳定性和响应速度,以保证监控信息的及时性和准确性。

教师与学生在监控系统中的角色与反馈机制是系统有效运行的重要保障。教师在监控系统中不仅是被监控的对象,也是系统数据的提供者和改进建议的参与者。通过教师的反馈,系统能够不断优化监控指标和方法。学生通过参与监控反馈,提升学习的主动性和自我管理能力。建立有效的反馈机制能够确保监控系统的动态调整和持续改进,从而更好地服务于教学质量的提升。

(二)课堂教学效果跟踪评估

课堂教学效果跟踪评估不仅是对教师教学活动的监控,也是对学生学习过程的深入了解。通过系统化的评估方法,评估者能够及时发现教学过程中的问题,并为教学质量的提升提供数据支持。在评估过程中,应采用多元化的评估工具,如课堂观察、学生问卷调查及教学录像分析,以全面捕捉课堂教学的实际效果。通过这些手段,教育管理者可以获取关于课堂教学效果的全貌。

在进行课堂教学效果评估时,设定标准化指标是确保评估结果客观公正的基础。这些指标涵盖了教学目标的达成度、学生的学习投入、教学内容的适切性以及课堂管理的有效性等方面。通过量化的指标设定,评估过程能够更加系统和精确。标准化指标的设定需要结合学科特点和教学目标,并在实践中不断修正和完善,以适应不断变化的教学环境和学生需求。这样的标准化评估体系有助于提升教学质量的整体水平。

学生的学习成果与课堂参与度之间存在密切的关联。通过对课堂参与度的监测,可以更好地理解学生的学习状态和学习效果。课堂参与度不仅体现在学生的出勤率上,还体现在学生在课堂上的互动、提问、讨论以及小组活动的参与情况中。通过对这些因素的分析,评估者能够更好地评估学生的学习成果,并为教学方法的调整提供依据。这样的关联分析有助于教师在教学过程中及时调整策略,进而提高学生的学习效果。

教师的教学方法直接影响课堂的互动效果。有效的教学方法能够激发学生的学习兴趣,增强课堂的互动性。通过对教师教学方法的评估,可以了解不同教学策略的效果,并为教师提供改进建议。在评估过程中,可以使用课堂观察、学生反馈以及教学录像分析等多种手段,以全面了解教师的教学方法和课堂互动效果。这样的评估不仅有助于教师自身的专业发展,也为整体教学质量的提升提供了有力支持。

定期报告是课堂教学效果评估中的重要组成部分。通过定期的评估报告,能够系统化地呈现教学效果,并为教学改进提供科学依据。这些报告应当包括评估的指标、数据分析结果以及改进建议。基于报告提出的改进措施,教学管理者和教师可以共同制订行动计划,以提升教学质量。

三、教学质量反馈与改进

(一)教学质量反馈的收集与分析

教学质量反馈的多元化收集方式,包括在线调查、面对面访谈和课程评估会议等,这些方式能够有效覆盖不同学生群体的意见。在线调查具有广泛性和便捷性,能够在短时间内获得大量反馈数据;面对面访谈提供了更深入的交流机会,有助于获取详细的定性信息;课程评估会议为学生和教师提供了直接沟通的平台,有助于及时解决教学中存在的问题。多种方式的结合能够全面、准确地收集教学质量反馈信息。

系统化整理不仅包括对数据的分类和整理,还涉及对反馈内容的深入分析,以识别出教学中的关键问题和改进方向。数据分析工具的使用能够显著提升分析的效率和准确性,帮助教学管理者从海量信息中提炼出有价值的见解。这些工具可以通过统计分析、文本挖掘等技术手段,对反馈数据进行多维度分析,识别出影响教学质量的主要因素,并为后续的改进提供科学依据。

通过定期向教学团队和管理层展示反馈分析结果,可以促进透明度和责任感的提升。这种机制不仅有助于教学团队及时了解学生的需求和期望,还能为管理层提供决策支持,确保教学管理措施的科学性和有效性。在汇报过程中,应该注重反馈结果的可视化呈现,以便于不同层级的人员理解和使用这些信息。

(二)教学改进方案的设计与实施

高等教育机构应通过系统化的反馈机制,识别教学中的不足之处,并结合学生和教师的反馈,制订切实可行的改进方案。

为了确保教学改进方案的成功实施,必须施行多层次的培训与支持计划。这些计划应为教师提供必要的资源和指导,帮助其有效落实教学改进方案。通过定期的培训活动,教师可以更新教学理念,掌握新的教学方法和技术。此外,提供个性化的支持和指导,能够帮助教师克服在实施改进方案过程中遇到的困难,提高他们的教学能力和信心,从而推动教学质量的持续提升。

建立跨学科的教学改进团队是促进多元化教学方法和创新实践的重要途径。这样的团队能够鼓励教师之间的合作与经验分享,打破学科间的壁垒,促进教学创新。通过跨学科的合作,教师可以借鉴其他学科的教学方法和经验,丰富自己的教学实践。同时,这种合作模式有助于形成一个支持性的教学社区,增强教师的归属感和责任感,进而推动教学质量的提升。

定期评估教学改进方案的实施效果是确保持续改进的关键。通过数据分析和反馈收集,教育管理者可以识别改进方案中的成功之处和不足之处,并据此不断优化方案。建立一个持续改进的循环机制,能够确保教学改进方案的动态调整和不断完善,最终实现教学质量的稳步提升。这样的机制不仅有助于提高学生的学习效果,也能增强教师的教学满意度。

(三)教师教学质量提升的支持措施

1.建立教师专业发展计划

教师专业发展计划不仅帮助教师适应快速变化的教育环境,还能确保他们掌握最新的教学方法和技术,从而提高教学效果。专业发展计划的实施需要学校管理层的支持与投入,以确保培训资源的充足和课程的高质量。

2.鼓励教师参与教学研究与创新项目

通过提供资金和资源支持,学校可以激励教师探索新型教学模式和方法。这不仅丰富了教学内容,也提升了教师的创新能力和实践能力。参与研究和创新项目的教师往往能够在教学中应用新的理念和技术,从而提高课堂教学的吸引力和有效性。这种支持措施还可以提升学校的学术声誉,吸引更多优秀的教师和学生。

3.创建教师交流与合作平台

通过促进教师之间的经验分享和学习,尤其是跨学科的合作,教师能够获得新的教学思路和方法。这种互动不仅有助于教师的专业发展,还能提高学校的教学水平。合作平台的建立需要学校提供必要的技术支持和资源,以确保教师能够方便地进行交流和合作。通过这种方式,教师可以共同解决教学中的挑战,提高教学质量,最终推动高等教育的整体发展。

(四)教学质量改进的持续监测与评估

教学质量改进的持续监测与评估要求管理者不仅需要建立一套科学的指标体系,还需要定期对教学效果进行量化评估,以便及时掌握教学质量的变化与趋势。通过明确的指标和量化评估,教育管理者可以深入了解当前教学质量的状况,从而制定更加精准的改进策略。这样的监测体系不仅有助于发现教学中的薄弱环节,还为长期的质量提升提供了数据支持和理论依据。

为了确保教学质量改进措施的有效性和适应性,实施周期性的教学质量审查是必不可少的。这应结合内部和外部的评估,以便多视角、多层次地进行全面审查。在内部评估中,可以通过教师自评、学生反馈等方式进行;在外部评估中,可以引入专业的第三方评估机构,以获得客观的评价。通过这种多元化的审查机制,教育管理者可以更准确地识别教学中的问题,并在此基础上进行有针对性的改进,确保教学质量的稳步提升。

现代信息技术的发展为教学质量的监测与评估提供了新的工具和方法。利用现代信息技术,建立实时数据分析平台,可以动态监测与教学质量相关的数据。这种实时的数据分析不仅能够及时发现教学过程中的问题,还能为教育管理者提供快速反应的依据。通过对数据的深入分析,教育管理者可以根据具体情况进行及时调整,以确保教学质量始终处于最佳状态。这种信息技术的应用不仅提高了监测的效率,也增强了教学质量改进的科学性和精准性。

教学质量的持续改进离不开教师和学生的积极参与。教师的反馈可以为教学质量的提升提供直接的建议。学生的反馈可以反映出教学效果的真实情况。因此,应鼓励教师和学生参与教学质量监测与评估过程,可以形成教学质量改进的共同责任机制。通过建立这种共同参与的机制,不仅能提升教师和学生对教学质量的关注度,还能促进教学质量的持续改进。

第三节　教材建设与管理

一、教材选用与评审机制

(一)教材选用标准的制定

教材内容应严格符合课程目标和教学大纲的要求。这不仅要求教材内容在知识体系上具有严谨的逻辑性,还要在实践应用中具备指导性和前瞻性。通过明确的选用标准,可以保障教材的内容与教学目标的契合度,从而有效促进学生的全面发展和学科能力的提升。

教材的编写必须具备科学性和系统性,并且教材内容需要经过专家评审,以确保其学术性和权威性。在高等教育中,教材不仅是知识传递的载体,也是学术研究和教学实践的结合体。因此,在编写教材的过程中,应邀请相关领域的专家进行严格的审查和评估,以保证教材内容的正确性和权威性。这种严谨的评审机制有助于提升教材的学术价值,并为教师的教学提供强有力的支持。

对于教材的选用,必须充分考虑学生的学习需求和能力水平,以确保内容的可理解性和适用性。高等教育中的学生群体多样化,其学习能力和需求也各不相同。因此,在教材内容的设计上应兼顾不同层次学生的理解能力,提供清晰的知识框架和适当的学习难度。这种针对性的教材选用策略不仅能提高学生的学习效果,还能激发他们的学习兴趣和主动性。

教材的选用应及时反映学科前沿和最新研究成果,以保证教学内容的现代性和相关性。在快速发展的知识经济时代,学科前沿的变化和新研究成果的涌现对教材的更新提出了更高的要求。通过定期更新教材,可以确保教学内容与时俱进,培养学生的创新思维和科研能力。这种动态的教材管理方式有助于提升高等教育的教学质量和竞争力。

(二)教材评审流程与参与者

教材评审流程应设定明确的阶段,这包括初审、复审和最终审核,以确保每本教材的质量和适用性。在初审阶段,评审员需要对教材的基本内容、结构和语言进行初步评估,以确定该教材是否符合基本的学术和教学标准。在复审阶段,则要进行更深入的分析,即评审员会对教材的理论深度、学术前沿性以及与课程目标的契合度进行详细探讨。在最终审核阶段,评审小组综合各方意见,形成对教材的最终评价和建议。

参与教材评审的人员应包括学科专家、教学管理人员及具有相关教学经验的教师,以保证评审的全面性和专业性。学科专家提供专业的学术视角,确保教材内容的科学性和前沿性。教学管理人员从管理和政策的角度出发,评估教材的合规性和推广性。具有相关教学经验的教师从实际教学应用的角度,评价教材的可操作性和学生的接受度。这样的多元化评审团队能够从不同层面对教材进行全面评估,确保教材在教学中的实用性和有效性。

建立反馈机制是教材评审的重要环节。该机制允许评审人员对教材提出意见和建议，并确保这些反馈能够有效地被采纳和实施。通过反馈机制，评审人员可以对教材的内容安排、教学方法、练习设置等提出具体的改进意见。反馈的有效采纳不仅能提升教材的质量，还能促进教材的不断改进和完善。

应将教材评审结果形成书面报告，详细记录评审过程、参与者意见及最终决策，以便后续的教材选用和改进。报告中详细的记录不仅有助于教材的进一步改进，也为其他教材的评审提供了宝贵的参考。通过这样的记录，能够有效追踪教材的评审历程，确保每一步的决策都建立在充分的信息和专业的判断基础之上，从而促进高等教育教材建设的持续发展。

二、教材内容的跨学科整合

教材内容的跨学科整合的目的是打破传统学科界限，促进知识的交叉融合，以更好地适应复杂多变的社会需求。在这一过程中，教材不仅是知识的载体，也是培养学生综合能力的重要工具。通过跨学科整合，教材能够使学生在学习过程中不仅能够掌握专业知识，还能培养批判性思维和创新能力。跨学科整合要求教材编写者具备广博的知识背景和开放的思维方式，以确保教材内容的科学性和前瞻性。

设计跨学科课程需要遵循一定的原则与方法，以确保其有效性和可操作性。首先，课程设计者应以学生为中心，关注学生的实际需求和兴趣，促使学生主动参与学习过程。其次，课程内容应具有灵活性和开放性，能够适应不同学生的学习节奏和风格。再次，课程设计者应通过真实案例和项目式学习，帮助学生将跨学科知识用于实际问题的解决中。最后，设计跨学科课程应建立在学科间的对话和协作基础上，同时设计者也应鼓励不同学科教师共同参与课程开发和教学实施。

跨学科教材的评估与反馈机制是确保教材质量和教学效果的重要手段。评估应包括多维度的指标，如教材内容的科学性、实用性和创新性等。在评估过程中，应注重师生的反馈，尤其是学生的学习体验和收获。通过定期的调查问卷、课堂观察和教学反思，收集师生对教材的意见和建议，以便及时调整和优化教材内容。此外，建立一个开放的反馈机制，鼓励教师和学生积极参与教材的评估和改进过程，从而不断提升教材的质量和教学效果。

教师跨学科合作是实现教材内容跨学科整合的重要途径。有效的合作模式包括团队教学、联合备课和共同研究等。在团队教学中，可以通过多学科教师共同授课，为学生提供多元化的学习体验和视角。联合备课有助于教师在课程设计和教材编写过程中进行深度交流与合作，确保教材内容的连贯性和系统性。共同研究有助于教师在跨学科研究项目中,分享研究成果和教学经验,推动跨学科教学实践的深入发展。这些合作模式不仅能提升教师的专业素养,还能促进高等教育教学质量的全面提升。

三、教材的数字化管理与应用

(一)数字化教材的资源管理与更新

有效的资源管理是确保数字化教材能够在教学中发挥最大效用的基础。通过构建全面的资源库,数字化教材实现了内容的集中管理与便捷访问。这不仅提高了教材的可用性,也为教师和学生提供了更丰富的学习体验。

资源库的建设需要考虑多方面的因素,如教材的分类、检索功能的优化以及访问权限的设定等。通过科学的资源库管理,教师和学生可以在需要时迅速找到所需要的教材内容,这极大地提高了教学效率。同时,资源库的便捷访问也使教材内容的共享与传播更加迅速,从而促进了教育资源的公平分配。

随着科技的不断进步和学科知识的快速发展,教材内容需要不断更新以保持其前沿性和准确性。通过定期评审机制,教育机构可以对现有教材进行系统的审查和更新,确保其内容符合最新的学术研究和教育实践。这一机制不仅保障了教材的质量,也为教师和学生提供了最新的学习资料。

通过引入用户反馈系统,教育机构可以及时收集教师和学生对数字化教材的使用体验和建议。这些反馈信息对于教材的改进和更新具有重要的指导意义。换言之,通过分析反馈数据,教育机构可以更好地了解用户需求,从而对教材内容和功能进行针对性的优化,增强教材的使用效果和用户满意度。

(二)数字化教材的安全性与数据保护

随着教育资源的数字化转型,确保数字化教材的安全性不仅是技术问题,也是保护知识产权和用户隐私的关键。为了确保只有授权人员可以访问和使用数字化教材资源,应建立严格的用户身份验证机制。可以通过多因素认证、动态口令等手段,进一步提升用户身份验证的安全性,防止未经授权的访问,从而有效保护教学资源。

在数字化教材的安全管理中,采用数据加密技术是防止数据泄露的核心措施之一。通过对教材内容进行加密处理,可以在传输和存储过程中保护数据的机密性,防止恶意攻击者截取或篡改数据。此外,采用先进的加密算法和密钥管理技术,可以有效增强数字化教材的安全性,保障教学内容的完整性和私密性。

定期进行安全审计和漏洞扫描是保障数字化教材安全性的重要手段。通过定期的安全审计,可以及时发现系统中的安全隐患,并采取相应的措施进行修复。漏洞扫描有助于识别潜在的安全漏洞,防范可能的攻击风险。这两种手段的结合可以有效提升数字化教材的安全防护水平,确保教材资源的安全性。

建立应急响应机制是应对数据泄露或安全事件的重要策略。快速处理可能发生的数据泄露事件,确保对用户数据的及时保护和恢复,是数字化教材安全管理中的关键环节。通过建立完善的应急响应机制,可以在突发事件中迅速采取措施,降低安全事件对数字化教材和用户数据的影响,确保教学活动的正常进行。

(三)线上平台的教材共享与协作

通过建立线上平台,教师可以实现教材的共享与资源的交流,从而提高教学质量和效率。这样的平台不仅提供了一个便捷的资源共享渠道,还促进了教师之间的互动和合作。通过在线平台,教师可以轻松访问其他教师的教材资源,了解不同的教学方法和理念,从而丰富自己的教学内容和策略。这种资源共享的模式不仅为教师之间的合作提供了新的可能性,也为学生提供了更加多样化的学习材料。

为了确保教材共享的学术性和适用性,建立教材共享的规范与标准是必不可少的。规范化的共享机制有助于维护教育资源的质量,确保教师和学生都能接触到高质量的教材内容。制定严格的审核和评价标准能够有效防止不恰当或质量不高的资源进入共享平台。这不仅保护了教育资源的完整性,还为教师和学生提供了一个可信赖的学习环境。此外,明确的规范和标准也能激励教师提供自己的优质资源,形成一个良性循环,促进教育资源的不断更新和优化。

鼓励教师在平台上发布和更新自己的教材,形成动态的教材库,是实现资源共享的关键。通过教师的积极参与,平台上的教材资源能够及时更新,满足不同课程和学生的需求。动态的教材库不仅提供了多样化的学习材料,还反映了教育领域的新进展和新趋势。这种动态更新的机制能够激发教师的创新意识,促使他们不断改进和完善自己的教学内容。同时,学生也能从中获取到最新、最适合的学习资源,提升学习效果。

通过在线上平台举办教材交流活动,能够有效促进教师间的合作与经验分享,增强教学创新能力。这样的活动为教师提供了一个展示和交流的平台,使他们能够分享自己的教学经验和创新成果。同时,这些活动为教师之间的合作创造了机会,促进了跨学科的教学研究和实践。

第四章　高等教育科研管理

第一节　科研项目管理

一、科研项目的规划与立项

(一)科研项目规划的重要性

科研项目规划在高等教育科研管理中不仅是一个项目启动的前奏,也是确保项目成功的重要基石。通过明确的规划,研究人员能够清晰地界定研究的方向和目标,进而提升科研工作的针对性和有效性。一个精心设计的科研项目规划能够帮助研究团队更好地理解其研究任务的范围和深度,确保每一个研究环节都能有效地推动总体目标的实现。这种明确性对于高等教育机构,是提升科研产出质量和数量的关键。

科研项目规划不仅在方向上提供了指引,还在资源配置上起到了优化作用。合理的规划能够确保资金和人力资源的高效利用,避免因资源浪费或分配不当而导致的项目失败。高等教育机构通常面临资源有限的挑战,因此,科学的规划显得尤为重要。通过对资源的合理配置,科研项目不仅能够在预算内实现目标,还可以为未来的研究奠定基础。

科研项目规划还能够显著促进团队协作。一个成功的科研项目往往需要多学科、多领域的专家共同参与,因此,增强团队之间的沟通与合作至关重要。通过科学的项目规划,研究团队可以更好地协调各自的工作任务,分享信息和资源,从而提高整体的工作效率和创新能力。这种协作不仅有助于项目的顺利推进,还能为高等教育机构培养出色的科研人才。

科学的项目规划在风险管理方面也发挥不可或缺的作用。通过在项目初期阶段的详细规划,研究团队可以提前识别潜在的问题和挑战,并制定相应的应对策略。这种预见性能够有效降低项目实施过程中的不确定性,确保科研项目能够在各种复杂条件下顺利进行。对于高等教育科研管理者来说,科学的风险管理策略是保证科研项目成功的关键因素之一。

(二)科研项目立项的流程与标准

1.明确项目的研究目标与意义

这要求研究者在项目初期就对研究的目的、预期成果以及社会和学术价值进行深入思考。这不仅为项目的顺利开展奠定基础,也为后续的评审提供了明确的方向和标准。在此过程中,项目的创新性不仅是推动学术进步的动力,也是吸引资源投入的关键因素。

2.进行充分的文献调研

文献调研的目的是确保项目在现有研究基础上具有前瞻性和可行性。通过对国内外相关领域研究的梳理,研究者能够识别出当前研究的不足和未来的发展方向。这一环节不仅能帮助研究者明确项目的创新点,还能避免重复研究,提高科研资源的使用效率。此外,文献调研也为研究者提供了丰富的理论支撑和方法指导,从而增强了项目的科学性和实用性。

3.经过严格的评审程序

评审程序通常包括专家评审和同行评议。专家评审通过对项目的科学性、创新性和可行性进行全面评估,提出修改意见和建议。同行评议是指通过同行专家的视角对项目进行审视,确保项目的学术价值和创新点得到充分认可。这一环节不仅提高了项目的质量,也为项目的顺利实施提供了保障。

4.制定详细的实施方案

实施方案应包括明确的时间节点、资源配置和预期成果,这为项目的管理与评估提供了清晰的框架。时间节点的设定有助于项目的阶段性推进;资源配置确保了项目能在合理的条件下开展;预期成果的设定为项目的成功提供了衡量标准。通过这一系列的规划与安排,科研项目能够在高等教育科研管理体系中实现有效的管理与评估。

二、科研项目的过程管理

(一)科研过程中的进度控制

进度控制的目的是确保科研项目能够在既定的时间框架内顺利推进。制订详细的项目进度计划是科研进度控制的基础。通过明确各阶段的时间节点和任务分配,项目负责人可以确保每个团队成员了解自己的职责和时间要求。这种清晰的计划不仅有助于协调团队工作,还能为项目的顺利推进奠定坚实的基础。

定期召开项目进度会议是科研项目管理中的关键步骤。通过这些会议,项目团队能够及时沟通项目的进展情况,识别潜在的进度延误问题,并采取相应的解决措施。这种及时的沟通机制不仅有助于保持团队的协作效率,还能确保项目在时间节点上的一致性和协调性。

为了实现更高效的进度控制,建立进度监控系统是不可或缺的。利用现代项目管理软件,可以实时跟踪项目的进展情况,确保信息的透明和及时更新。这种技术手段的应用不仅提高了项目管理的效率,还为项目的顺利实施提供了有力的支持。

在科研项目管理中,设定合理的进度缓冲时间是应对不可预见延误的重要策略。通过这种方式,项目团队可以在面对意外情况时,保持项目整体时间框架的灵活性。这种策略不仅为项目提供了更大的操作空间,也为项目的成功实施提供了保障。

根据项目进展情况,适时调整资源配置和任务优先级是优化项目执行效率和成果质量的关键。通过灵活的资源管理和任务调整,项目团队可以更好地应对项目过程中出现的各种挑战,从而确保项目的最终成功。这种动态调整机制不仅提升了项目的执行效率,还提高了科研成果的整体质量。

(二)科研项目的风险管理

科研项目通常面临多种潜在风险因素,这些因素可能来自技术、市场、政策以及团队管理等多个方面。在项目初期,通过全面的风险识别和评估,可以为后续的风险管理奠定坚实的基础。尤其是在技术快速发展的背景下,需要特别关注技术风险的识别,因为技术的不确定性往往是科研项目失败的主要原因之一。此外,市场风险的识别也不可忽视,因为市场需求的变化可能直接影响项目的最终成果。政策变化同样是一个关键因素。政策风险可能导致项目的合规性问题,而团队管理风险则涉及团队成员之间的沟通与协作问题。

在识别风险之后,制定详细的风险应对策略是科研项目风险管理的核心。风险应对策略通常包括风险规避、转移、减轻和接受等不同策略。风险规避是指通过改变项目计划或实施途径来避免风险的发生;风险转移是指通过合同或保险等手段将风险转移给第三方;风险减轻是指通过采取措施降低风险发生的可能性或影响;风险接受是指在风险影响较小或不可避免时,选择接受风险并制定相应的应对措施。选择这些策略时,需要根据具体的风险因素和项目特点进行综合考虑,以便在风险发生时能够迅速反应,减少对项目的负面影响。

建立风险监测机制是科研项目风险管理的重要环节。通过定期评估项目进展中的风险状况,可以及时发现新的风险因素,并调整管理措施以应对新出现的风险。风险监测机制通常包括定期的风险评估会议、风险状况报告及风险管理信息系统的使用。在这些机制的支持下,项目管理团队能够实时了解项目的风险状况,并根据风险评估结果调整项目计划和资源配置。这种动态的风险管理方式能够有效提高项目的成功率,并确保项目在不确定的环境中稳步推进。

团队成员的风险意识培训是提高科研团队识别和应对潜在风险能力的重要手段。通过系统的风险管理培训,团队成员能够更好地理解风险管理的基本原理和方法,提高在项目中识别和应对风险的能力。这种培训不仅提高了团队的整体风险管理水平,还增强了团队成员在项目管理中的主动性和责任感。在培训过程中,可以通过案例分析等方式,使团队成员更直观地理解风险管理的重要性和实际操作方法,从而在项目推进过程中更有效地进行风险管理。

风险评估报告的提交是促进科研项目透明度和决策科学性的重要措施。风险评估报告通常包括风险识别结果、风险应对策略实施情况、风险监测结果以及风险管理改进建议等内容。通过这些报告,管理层能够全面了解项目的风险状况,并在必要时调整项目战略和资源配置,以确保项目的顺利实施。同时,风险评估报告的提交也有助于提高项目管理的透明度,使项目各方能够更好地理解和支持项目的风险管理工作。

(三)科研团队的协调与沟通

科研项目的复杂性和多样性要求团队成员在各自领域之外进行有效的沟通与合作。建立定期的团队会议制度是促进信息共享和决策透明的重要措施。通过定期的会议,团队成员可以及时了解项目的最新进展,分享各自的研究成果和遇到的问题,从而在团队内部形成一个开放和透明的沟通环境。这不仅有助于提高团队成员对项目整体的理解,也能确保项目目标的统一性和一致性。

在现代科研项目管理中,利用项目管理工具和平台来增强团队成员之间的在线沟通和协作已成为一种趋势。这些工具和平台不仅可以帮助团队成员随时随地进行信息交流,还能记录项目的各个阶段和任务的完成情况,确保信息流畅传递。通过这些技术手段,团队成员可以更高效地分配资源,调整任务进度,及时应对项目中出现的各种挑战,进而提高整个科研团队的工作效率和协作水平。

鼓励跨学科的交流与合作是提升团队整体创新能力的重要策略。科研项目往往涉及多个学科领域的知识,而跨学科的合作可以促进不同领域专家之间的知识共享,激发新的研究思路和创新方法。通过组织跨学科的研讨会和工作坊,团队成员可以拓宽视野,了解其他领域的最新进展和研究方法,从而在项目中引入更加多元化的视角和创新的解决方案。

制定明确的角色分工和责任划分是确保科研团队高效运作的基础。在项目的不同阶段,团队领导者需要根据项目需求和成员的专业特长进行合理的角色分配,确保每项任务都有明确的负责人和执行计划。这种明确的分工不仅有助于提高团队的工作效率,也能减少因责任不清而导致的团队内部冲突。

建立有效的反馈机制是不断优化团队协作和沟通方式的关键。通过定期收集和分析团队成员的意见和建议,团队领导者可以及时发现沟通中的不足和问题,并采取相应的改进措施。这样的反馈机制不仅能提高团队成员的参与感和积极性,还能为团队提供一个持续改进的机会,确保科研项目在高效、协调的环境中顺利推进。

三、科研项目的经费管理

(一)科研经费预算编制与审批

科研经费的预算编制与审批直接影响科研项目的实施效果和资金使用效率。在科研经费预算编制中,应充分考虑项目的实际需求,细致地列出各项支出,如设备购置、材料费用、人员工资等,以确保预算的合理性和透明度。这种细致的预算编制不仅能提高资金使用的效率,还能在一定程度上预防资金流向不明或使用不当的问题。通过科学的预算编制,项目管理团队可以更好地规划资源配置,确保科研活动顺利开展。

在科研经费的审批过程中,建立多层次的审核机制显得尤为重要。多层次的审核机制不仅可以确保预算的科学性和可行性,还能有效避免不必要的浪费和不当使用。通过层层把关,科研经费的审批过程能够更加严谨,确保每一笔资金能够发挥应有的作用。此外,这种机制还可以提高科研项目的透明度和公信力,并为后续的资金使用打下坚实的基础。

(二)科研经费的使用与监督

科研经费使用的合规性审查不仅是对财务报表的简单核对,也是对项目执行过程中每一笔支出的合理性和必要性的深度分析。这一过程需要专业的财务知识与项目管理经验的结合,以确保科研经费的使用能够真正服务于科研目标的实现。同时,合规性审查也为科研人员提供了一个自我反省和调整的机会,确保科研项目沿着正确的轨道前进。

建立经费使用的透明报告机制是提升科研经费管理效率的重要措施。通过定期向相关部门和团队成员公布经费使用情况,不仅能提高科研经费使用的透明度,还能增强团队成员的信任感和归属感。透明报告机制的实施需要信息技术的支持,以便在保证数据安全的前提下实现信息的快速共享。这样的机制有助于科研团队及时发现和纠正经费使用中的问题,从而提高科研项目的整体执行效率和资金使用的合理性。

设立专项经费监督小组是确保科研经费使用有效性的必要手段。监督小组的职责不仅包括对科研经费的使用进行定期检查和评估,还包括对经费使用过程中出现的异常情况进行深入调查。监督小组需要具备独立性和专业性,以确保小组成员能够客观公正地履行监督职责。通过监督小组的工作,科研机构能够及时识别和纠正经费使用中的不当行为,保护项目资金的安全和有效使用。

制定科研经费使用的风险控制措施是科研项目管理中不可或缺的一环。在风险控制措施的制定中,需要综合考虑科研项目的特点和经费管理的实际情况,以便及时识别和应对潜在的财务风险。这一过程不仅需要财务和法律专业人士的参与,还需要科研团队的积极配合和支持。

鼓励科研团队成员提出经费使用建议,是提升科研经费管理水平的重要途径。通过增强团队对经费管理的参与感和责任感,科研机构能够充分发挥团队成员的智慧和创造力,提高资金使用的合理性和效率。科研团队成员的积极参与不仅有助于发现经费管理中的问题,还能为科研项目的顺利推进提供有力的支持。通过这种方式,科研经费管理不仅是管理者的责任,也是整个团队共同的使命。

(三)科研经费审计与财务报告

科研经费的审计与财务报告的主要目的是通过审计过程,验证科研经费的使用是否符合既定的预算和科研目标。这不仅涉及对财务数据的核查,还涉及对科研活动的实际考察,以确保资金的使用效率和效果。依据审计结果,相关人员会写一份详细的财务报告,并将其提供给相关管理层和资助机构,以便他们进行后续的决策和管理。

在进行科研经费审计时,审计人员必须严格遵循相关的法规和政策框架。这些法规和政策通常由国家或地方政府制定,旨在规范科研资金的使用和管理。审计人员需要对这些法规有深入的理解,以确保审计过程的合法性和合规性。法规通常规定了科研经费的使用范围、审计的频率和深度,以及报告的具体要求。这些规定不仅保障了科研经费的安全使用,也为审计工作的开展提供了明确的指导和依据。

科研经费审计的流程通常包括计划、实施、报告和后续行动四个主要步骤。在审计计划阶段,需要确定审计的范围和目标,并制订详细的审计计划。在审计实施阶段,审计人员进行现场检查,收集和分析相关数据。在审计报告阶段,应将所有发现和建议整理成正式报告,提交给相关方。在后续行动阶段,确保审计建议被有效执行和落实。每个步骤都要求审计人员具备高度的专业性和客观性,以确保审计结果的准确性和可靠性。

在科研经费的财务报告中,需要遵循特定的格式和内容要求,以确保其准确性和可读性。通常,财务报告应包括资金的来源、使用情况、剩余资金以及与预算的对比分析。报告的格式应简洁明了,使用统一的财务术语和格式,以便不同的读者理解和分析。此外,在财务报告中还应附上必要的附注,解释特殊事项或异常情况。这些要求不仅帮助提高报告的透明度,也为后续的审计和管理提供了必要的信息基础。

四、科研项目的评估与结题

(一)科研项目评估的标准与流程

科研项目评估的基本标准主要包括研究目标的达成情况、成果的创新性和科学性等。这些标准不仅要求项目在理论上具有突破性,还要在实践中具备可操作性和应用价值。研究目标的达成情况是衡量项目成功与否的核心指标,而成果的创新性和科学性则是评估项目对学科发展贡献的重要依据。为了确保评估的公正性与科学性,必须明确这些标准并在评估过程中严格执行。

评估流程通常包括项目自评、专家评审及最终报告的编写与提交。项目自评是项目组对自身研究工作的初步评价,强调对研究过程和结果的自我反思与总结。专家评审是邀请领域内的权威学者对项目进行独立、公正的评价,确保评估结果的客观性和权威性。最终报告的编写与提交是评估流程的最后一步。它不仅总结项目的研究成果和创新点,还对项目的不足之处进行分析,以便为后续科研工作提供改进建议。

(二)结题报告的撰写

结题报告不仅是对项目研究工作的总结,也是对研究目标达成情况的全面评估。撰写结题报告时,首先应明确项目的研究目标,并详细说明各项成果的具体贡献与价值。这一过程要求研究团队对项目的整体进展有清晰的把握,确保每一项研究成果都能得到准确的表达和评价。通过这样的总结,报告不仅成为项目完成的标志,也为后续研究提供重要的借鉴和启发。

在结题报告的撰写过程中,项目实施过程中的关键数据和成果展示是不可或缺的。这些数据和成果展示能够为评估项目的实际效果与影响提供坚实的基础。项目团队需要从大量的研究数据中提炼出最具有代表性和说服力的部分,并且以图表、文字等多种形式进行展示。这不仅有助于评审专家对项目价值的判断,也为同行提供了参考和学习的机会。因此,结题报告的撰写不仅是对项目的总结,也是对科研成果的传播和分享。

在撰写结题报告时,还应对项目实施中遇到的困难及解决方案进行总结。这部分内容反映了项目团队的应变能力与创新思维,并且也是评审专家重点关注的方面之一。在科研过程中,遇到困难和挑战是常态,而如何有效地解决这些问题则展现了团队的专业素养和创新能力。因此,在结题报告中对这些问题进行总结不仅是对团队工作的反思,也是对未来项目管理的宝贵经验积累。

在结题报告中,后续研究的建议与展望也是至关重要的,因为这一部分内容可以为未来相关领域的研究提供参考与启示。应基于项目的实际情况和研究成果,结合当前的学术前沿,提出具有可行性和创新性的研究建议。这样的展望不仅能够引导未来的研究工作,也为资助机构和同行提供了进一步合作的可能性。

结题报告的撰写应遵循规范的格式与结构,确保内容的逻辑性和条理性。一个结构清晰、逻辑严谨的报告更易于评审专家理解和接受,也便于在学术界传播。在撰写过程中应注意语言的准确性和专业性,避免冗长和模糊的表述。通过规范的撰写,结题报告不仅成为项目的总结文件,也成为学术交流的重要载体。

第二节 科研团队管理

一、科研团队的组建与优化

(一)明确科研团队的目标与方向

在高等教育科研管理中,明确科研团队的目标与方向不仅是提升科研质量和效率的关键,也是推动学科发展、培养高层次人才、服务社会经济的重要基石。这一过程要求管理者与科研人员共同努力,通过精准定位、科学规划、动态调整,确保科研活动既符合国家战略需求,又能够激发团队的创新潜能,实现科研成果的最大化转化。

明确科研团队的目标需要从高等教育机构的整体发展战略出发,结合学科特点和社会需求,进行精准定位。这一目标不仅应当体现科研的前瞻性和创新性,还应具备实际可操作的特质,以确保团队能够在有限的资源和时间内取得预期成果。

在目标设定的过程中,设定者需要与团队成员充分沟通,了解他们的专长、兴趣和职业发展规划,确保目标既具有挑战性,又能够激发团队成员的积极性和创造力。同时,在目标的设定中还应考虑外部因素,如国家政策导向、行业发展趋势、国际合作机会等,以确保科研方向与外部环境保持同步,增强科研成果的市场竞争力和社会影响力。在这个过程中,科研管理者需要通过有效的沟通机制,确保团队目标的清晰传达和广泛认同。

在明确了目标之后,确定科研团队的研究方向是一个将宏观愿景细化为具体科研途径的过程。这要求团队在深入研究领域的基础上,明确科研的重点和难点,探索可能的技术突破点,以及潜在的应用价值。确定研究方向时,应充分利用团队内部的学科交叉优势,鼓励跨学科合作,打破传统学科壁垒,促进知识的融合与创新。在确定研究方向时,还应注重前沿技术的跟踪与评估,通过参加学术会议、阅读最新文献、与同行交流等方式,及时了解国际科研动态,确保研究方向的前沿性和创新性。同时,研究方向的选择应具有一定的灵活性,能够根据科研进展和外部环境的变化进行适时调整,以适应科学研究的复杂性和不确定性。科研管理者应通过定期的项目评审、科研进展汇报等方式,及时发现和纠正研究方向上的偏差,确保科研活动始终沿着正确的轨道前进。

在科研管理实践中,明确目标与方向还需要与资源配置、团队建设、绩效考核等机制相结合,形成一套完整的科研管理体系。资源的合理配置包括科研经费、实验设备、人力资源等。在团队建设中,要注重人才培养和引进,通过搭建良好的科研平台、提供充足的成长空间,吸引和留住优秀科研人才。绩效考核是对科研成果和团队贡献的量化评价,可以通过设定合理的考核指标,激励团队成员追求卓越。

此外,明确科研团队的目标与方向,还需要注重与国际接轨,加强国际合作与交流。通过与国际知名科研机构的合作,不仅可以共享前沿技术,提升科研水平,还可以拓宽国际视野,增强团队的国际竞争力。科研管理者应鼓励团队成员积极参与国际科研项目、学术会议等活动,建立良好的国际合作关系,为团队的科研活动提供更广阔的发展空间。

(二)建立合理的团队结构与角色分工

在高等教育科研管理中,合理的团队结构不仅有助于明晰各成员的责任,还能提高团队的整体效率。明确团队成员的专业背景与技能,确保每个角色的分配与其特长相匹配,是团队建设的基础。通过对成员背景的深入了解,可以将合适的人才放在最适合的位置上,发挥他们的最大潜力,从而提升团队的整体战斗力。合理的角色分配能够有效避免资源浪费和工作重复,提高团队的工作效率。

设定团队领导角色是科研团队管理中的重要环节。团队领导不仅需要在专业领域具备深厚的造诣,还要具备出色的协调与决策能力。领导者的职责在于全面把控项目进度,协调团队内部的工作,确保各个环节的顺利衔接。有效的领导能够提高团队的执行力与效率,确保科研项目按照计划进行。此外,领导者还应具备良好的沟通能力,能够在团队内部建立信任和合作的氛围,激励团队成员积极参与。

(三)加强团队成员的学术交流与合作

在科研团队的建设过程中,加强团队成员之间的学术交流与合作是提升团队科研实力的重要途径。通过定期举办学术交流会,团队成员能够分享各自的研究进展与成果,这不仅有助于知识的传播,也能够激发新的研究思路和创新点。这样的交流会使团队成员能够在轻松的氛围中探讨学术问题,促进团队内部的协作与理解,进而推动科研工作的顺利开展。

为了进一步提高团队合作的效率,建立线上协作平台是一个有效的策略。这些平台不仅能够方便团队成员随时进行信息交流和文献共享,还支持实时讨论和项目管理,以使团队成员能够在分散的情况下保持紧密的联系。通过这些工具,团队成员可以更高效地协调工作进度,并及时解决研究过程中遇到的问题。

鼓励团队成员积极参与外部学术活动,如研讨会和会议,也是拓宽视野和建立外部合作关系的关键。通过参与这些活动,团队成员可以接触到最新的研究动态和技术进展,结识来自不同研究领域的专家和学者,进而为团队带来新的合作机会和研究资源。这不仅有助于提升团队的学术影响力,也能为团队引入新的研究思路和方法。

通过设置跨学科小组并定期进行主题讨论,可以有效促进不同领域知识的融合与创新思维的激发。跨学科小组的讨论可以打破学科之间的壁垒,促使团队成员从不同的视角审视研究问题,寻找新的解决方案。这种多元化的学术交流模式不仅有助于提升团队的创新能力,也能为团队的科研工作注入新的活力和动力。通过这样的方式,科研团队能够更好地应对复杂的科研挑战,取得更具有突破性的研究成果。

二、科研团队的分工与协作

(一)明确团队角色与职责

在一个高效的科研团队中,应清晰界定每个成员的角色与职责,以保证团队目标的实现。在科研团队中领导者不仅要制定团队的战略方向,还要确保团队资源的合理配置,以支持各项科研活动的顺利开展。通过明确的角色分配和职责界定,团队可以更有效地应对科研过程中的挑战。

设定各成员的具体任务与责任是团队管理的另一个重要环节。每位成员应明确自身在团队中的角色和贡献,以便在科研活动中发挥最大效能。通过任务分工,团队成员能够更好地理解彼此的工作内容和目标,从而减少不必要的重复劳动和误解。这种明确的分工不仅能提升个体的工作效率,还能在整体上增强团队的协作能力,确保团队目标的高效实现。

　　制定团队内的工作流程与标准是确保科研活动高效性与规范性的必要措施。标准化的流程可以为团队提供明确的工作指引,减少因流程不清导致的混乱和效率低下。通过对科研活动的各个环节进行标准化管理,团队可以更好地控制项目进度和质量,提高科研成果的可靠性。这样的流程管理不仅能提升团队的工作效率,还能为后续的科研工作提供有价值的经验和借鉴。

(二)促进成员间的有效沟通与协作

　　科研团队的成功有赖于成员之间的紧密合作与信息共享。建立定期的团队会议制度是实现这个目标的重要手段。通过定期会议,团队成员可以在一个开放的平台上分享信息、讨论问题,从而促进相互理解与支持。这种制度化的交流机制不仅有助于解决当前的科研问题,还有助于为团队的长远发展奠定坚实的基础。

　　现代科技的发展为科研团队提供了多种协作工具和平台。这些工具能够提供实时的沟通渠道,使团队成员可以随时交流意见与反馈。通过这些平台,团队成员之间的沟通不再受时间和空间的限制,从而提高了合作效率。利用这些工具,团队可以更快速地回应科研进展中的变化,及时调整研究策略,确保科研项目的顺利推进。

　　在团队内部,鼓励成员之间进行一对一的交流与合作同样重要。这种直接的沟通方式能够增进彼此的信任与理解,从而增强团队的凝聚力。通过面对面的交流,团队成员可以更深刻地理解彼此的工作方式和思维模式,减少误解和冲突,提高团队的整体协作水平。

　　开展团队建设活动有助于增强团队成员之间的非正式互动,提升团队的整体氛围与合作精神。通过各种形式的团队建设活动,成员可以在轻松的环境中增进彼此的了解,打破正式工作环境中的隔阂。这种非正式的互动有助于建立更紧密的团队关系,并为团队的长远发展提供强大的精神支持。

　　设立跨部门协作机制对于促进不同学科或领域的成员之间的交流与合作至关重要。在高等教育科研中,跨学科的合作往往能够激发创新思维,产生多样化的解决方案。通过跨部门的协作,团队可以整合不同领域的知识和资源,设计更具有综合性的研究方案,从而在竞争激烈的科研环境中取得优势。这样的协作机制不仅有助于团队自身的发展,也为整个高等教育科研管理提供了宝贵的经验和启示。

(三)建立科研资源共享机制

1.建立科研资源共享平台

该平台应集中管理各类科研资源,如文献、数据和实验设备,以便团队成员能够随时访问和使用这些资源。通过这种集中化管理,科研团队可以提高资源的利用率,减少资源浪费,并为科研活动提供有力支持。此外,资源共享平台还能促进信息的快速流通,增强团队成员之间的沟通与协作。

2.制定资源共享的使用规范和流程

这些规范和流程应明确资源的使用权限、申请流程和使用记录等内容,以免资源的使用不当。同时,合理的使用规范能够促进资源共享的透明化管理,增强团队成员的责任感和资源保护意识,从而实现资源的可持续利用。

3.定期组织资源共享培训

通过培训,团队成员可以更深入地了解共享资源的种类、使用方法和价值,从而提高资源使用效率。此外,培训还能促进团队成员之间的经验交流和知识共享,进而提升团队的整体科研水平和创新能力。

三、科研团队的绩效考核与激励

(一)制定合理的绩效考核标准

在高等教育科研管理中,制定合理的绩效考核标准需要建立一个多维度的绩效考核指标体系,涵盖科研产出、团队协作和创新能力等方面。这种综合的考核体系不仅关注科研成果的数量和质量,还强调团队成员在协作过程中的贡献和创造力。通过这样的方式,科研团队的每位成员都能在各自的岗位上发挥最大潜力,促进团队整体目标的实现。

采用定量与定性相结合的考核方法是必要的。这种方法不仅能够量化科研成果,还能综合考虑团队成员的努力程度和贡献。定量考核可以通过论文发表数量、项目完成情况等指标来实现,而定性考核则需要通过对团队成员的工作态度、创新思维等方面的评估来进行。这种双重考核方法不仅能确保绩效评估的全面性和公平性,还能够激励团队成员在科研工作中不断追求卓越。

为了确保绩效考核的公正性与客观性,引入同行评审机制是一个有效的策略。同行评审不仅能够通过专家的视角对科研成果进行专业评价,还可以鼓励团队成员之间的相互评价与反馈。通过这种机制,科研团队能够在内部形成良好的学术氛围,促进成员之间的沟通与合作。此外,同行评审也有助于发现团队中隐藏的优秀人才,为他们提供更多的发展机会。

定期更新和调整考核标准是确保考核体系时效性与有效性的必要措施。由于科研环境和团队发展是动态的,因此考核标准也需要随之变化,以适应新的科研需求和团队目标。通过定期的评估和调整,科研团队可以更好地应对外部环境的变化,保持竞争力和创新力。这种动态调整机制不仅提升了考核的科学性,也为团队成员提供了持续成长的空间。

(二)构建有效的激励机制

1.建立多层次的激励体系

针对不同科研阶段和成果,应设定相应的奖励措施,以激励团队成员在各自的领域内追求卓越。这样的体系不仅能满足不同成员的需求,还能促进团队整体的科研产出。通过明确的目标设定和奖励机制,可以激励团队成员不断挑战自我,推动科研创新。

2.采取非物质激励措施

表彰优秀团队和个人不仅能提升他们在学术界的声誉,还能增强成员的归属感和成就感。这种形式的激励能够在团队内部营造出积极向上的氛围,促使成员们更加投入科研工作。同时,通过组织各种学术活动,可以进一步激发成员的工作热情,形成良性竞争的科研环境。

3.鼓励成员参与决策过程

通过赋予成员一定的自主权和责任感,可以有效提升他们的积极性和参与感。团队领导者应当创造机会,让成员参与项目规划和决策的过程,这不仅能激发成员的创造性思维,还能增强其对团队目标的认同感。这样的参与机制能够促使成员们更加主动地贡献自己的智慧和力量。

4. 提供职业发展支持

通过提供培训、进修和学术交流机会，帮助成员不断提升专业能力，可以有效促进团队整体的科研水平。这样的支持不仅能满足成员的个人发展需求，还能增强团队的凝聚力和竞争力。在高等教育科研管理中，注重个人与团队的共同成长，是实现科研团队长远发展的关键。

（三）关注团队成员的多元激励需求

为了实现团队的最优绩效，管理者需要深入了解成员的多元激励需求，并采取相应的措施。灵活的激励策略不仅可以提高成员的工作积极性，还可以增强团队的凝聚力和创新能力，从而促进科研目标的实现。

关注团队成员的个人发展需求是激励策略中的关键环节。管理者应为成员提供个性化的职业规划和指导，帮助他们将个人职业目标与科研发展相结合。这种个性化的发展方案不仅能激发成员的内在动力，还能提升他们在团队中的贡献度。通过对个人发展的关注，团队成员能够感受到组织对他们的重视，从而更加积极地参与科研活动，并在实现个人目标的同时，推动团队的整体进步。

营造开放的沟通环境是满足团队成员激励需求的重要手段。开放的沟通不仅能促进信息的流动，还能让成员更自由地表达自己的需求和期望。管理者应鼓励团队成员积极沟通，倾听他们的想法和建议，以便更好地理解和满足他们的激励需求。通过这种互动，团队可以形成良好的工作氛围，同时成员之间的信任和合作也会得到提升。

多样化的激励措施是提升团队成员积极性的有效途径。根据团队成员的不同背景和性格特点，管理者可以采取灵活的工作安排和项目选择权等激励措施。这些措施不仅能满足成员的个性化需求，还能增强他们的工作满意度和创新能力。通过多样化的激励，团队成员能够感受到更多的自主权和责任感，从而更加积极地投入科研工作，推动团队的持续发展。

定期开展满意度调查是确保激励机制有效性的关键步骤。通过收集团队成员对激励措施的反馈，管理者可以及时调整激励策略，以适应团队的动态需求。满意度调查不仅能帮助管理者识别激励机制中的不足，还能为制定更有效的激励策略提供数据支持。

四、跨学科科研团队的管理

(一)构建跨学科团队的模式

跨学科研究的复杂性要求成员在知识和技能上具有互补性,以便在面对复杂问题时能够提供全面的解决方案。通过这种模式的构建,团队能够在知识交汇的前沿领域进行探索,进而推动科研成果的突破性进展。

建立跨学科团队的沟通机制是确保团队高效运作的关键。定期组织跨学科交流会,能够有效促进不同领域专家的思想碰撞与合作。这不仅有助于打破学科壁垒,促进知识的流动和共享,还能提高团队的协作效率。在这些交流中,各领域的专家可以分享最新的研究动态和技术,促进团队成员之间的理解和信任,从而为跨学科研究项目的成功奠定坚实的基础。

制定跨学科研究项目的管理流程是实现项目目标的保障。明确各学科的贡献和责任,确保项目目标的统一性与协调性,能够有效避免研究方向的偏离。在管理流程的制定中需要考虑各学科的特性和需求,以便在项目推进过程中能够灵活调整策略和资源配置。通过科学的管理流程,团队可以在复杂的科研环境中保持高效运作,确保研究成果的质量和影响力。

鼓励跨学科团队成员参与共同的培训与学习活动,是提升团队整体学术素养和跨学科理解能力的重要手段。通过这些活动,团队成员可以增强对其他学科的理解,促进知识的相互渗透与融合。这种持续的学习和交流不仅能提升团队的创新能力,还能加强成员之间的合作意识,并且为跨学科科研的长远发展提供动力和支持。

(二)促进跨学科团队的知识融合

1.建立跨学科知识共享平台

跨学科知识共享平台应当支持文献、数据和研究成果的无缝交流,确保团队成员能够方便地获取和分享信息。这种共享机制不仅提高了研究效率,还促进了团队成员之间的协作与信任。

2.定期组织跨学科研讨会

跨学科研讨会为团队成员提供了一个开放的交流环境,鼓励他们围绕共同的研究主题进行深入讨论。这种互动不仅可以激发新的研究思路,还能培养团队成员的批判性思维和创新能力。通过面对面的交流,团队成员能够更好地理解彼此的研究背景和思维模式,从而在合作中找到更有效的解决方案。此外,研讨会还为团队成员提供了展示自己研究成果的机会,促进了学术交流和思想碰撞。

3.实施跨学科合作项目

通过结合各学科的优势,团队成员可以在项目中发挥各自的专业特长,并在协作中学习其他学科的知识。这样的合作不仅有助于形成协同创新的良好氛围,还能提高研究成果的质量和影响力。在项目实施过程中,团队成员需要明确分工,合理配置资源,以确保项目的顺利推进。通过跨学科合作,团队可以在复杂问题的解决中展现出更强的综合能力。

4.创建跨学科导师制度

通过邀请不同领域的专家对团队成员进行指导,团队成员可以拓宽视野,提升自身的跨学科研究能力。导师的指导不仅体现在学术研究上,还体现在职业发展和团队管理等方面。通过与导师的互动,团队成员能够更好地理解跨学科研究的挑战和机遇,从而在科研过程中做出更加明智的决策。

第三节　科研成果管理

一、科研成果的评估标准

(一)学术影响力与引用指标评估

学术影响力通常被定义为一项科研成果在学术界引发关注和讨论的程度。在科研评价中,学术影响力不仅反映了研究工作的创新性和价值,也影响研究人员的职业发展和学术声誉。

引用指标,如影响因子、h指数等,是量化学术影响力的常用工具。在计算引用指标时,通常考虑论文的被引用次数、引用期刊的影响因子等因素,这些数据可以通过各类学术数据库获取。引用指标不仅影响科研成果的评估,还对研究人员的职业发展产生直接影响。

不同学科领域中引用指标的差异及其解读需要结合具体的学科背景进行分析。例如,理工科领域的研究通常发表在高影响因子的期刊上,因此引用次数较高,而社会科学及人文学科的研究则可能更多地依赖书籍和专著的引用。在解读这些指标时,应注意不同学科的引用文化和发表习惯。例如,某些学科可能更强调国际合作和跨学科引用,而另一些学科则更注重本土研究的深度和广度。因此,对于引用指标在不同学科中的解读,需要结合具体的学科背景和研究内容进行,以便更准确地评估科研成果的实际影响。

(二)科研成果的创新性

科研成果的创新性评估标准涵盖新颖性、独特性和实用性等多个维度。这些标准不仅要求成果在理论或方法上有所突破,还要具备实际应用价值,能够推动相关学科的发展。新颖性指的是研究思路或方法的独特性,避免重复已有的研究;独特性要求成果在学术上具有独到的见解和贡献;实用性强调成果在现实应用中的潜力,确保其不仅仅停留在理论层面,而是能够在实践中发挥作用。

原创性的价值在于对知识体系的贡献。原创性要求研究者具备独立思考能力和创造性解决问题的能力,能够提出新颖的研究问题或创新的研究方法。这不仅体现了研究者的独特视角和方法,也推动了学术界的新发展。原创性的成果通常能够带来新的理论框架或实践应用,这为学科领域注入新的活力。因此,强调原创性是确保科研成果具有长久影响力和学术价值的重要途径。

(三)科研成果的社会效益和影响

科研成果的社会效益体现在它能够有效解决社会问题,促进社会发展与改善民生。通过将科研成果用于实际问题的解决中,可以提升公众福祉,改善人们的生活质量。这种应用不仅局限于短期的社会问题解决,还在于长远的社会进步与和谐发展。

科研成果在解决社会问题中的应用尤为显著。通过科研成果的转化与应用,社会得以在多个层面实现发展。例如,针对环境问题的科研成果可以推动环保技术的进步,改善生态环境;在公共卫生领域,科研成果可以提高医疗技术水平,增强公共健康保障。这些应用不仅促进了社会的可持续发展,还在一定程度上提升了公众的生活质量和幸福感。因此,科研成果在社会问题解决中的应用价值是评估其社会效益的重要标准之一。

科研成果对产业发展的推动作用也是评估社会效益的重要一环。科研成果往往能够引领技术创新,促进经济增长。例如,通过新技术的研发和应用,企业可以实现生产效率的提升和成本的降低,从而增强市场竞争力。此外,科研成果还可以为新兴产业的发展提供技术支持,推动产业结构的优化与升级。这种技术创新与产业发展的良性互动不仅有助于企业自身的发展壮大,也为国家经济的持续增长和国际竞争力的提升提供了有力支撑。

科研成果对教育创新与人才培养的影响同样具有重要意义。科研成果可以推动教育内容与方式的创新,提升教育质量与适应性。例如,通过科研成果的应用,教育机构可以更新教学内容,采用更先进的教学方法,提高学生的学习效果和创新能力。这种教育创新不仅提高了教育质量,也为社会培养了更多高素质的人才。因此,科研成果在教育领域的应用不仅促进了教育自身的发展,也为社会的可持续发展提供了智力支持。

二、科研成果的申请与管理

(一)科研成果申请的准备工作

1.明确科研成果申请的目标与预期

这包括希望通过申请实现的具体成果和影响,以便为后续的申请工作提供方向性指导。明确的目标不仅能使申请者在撰写申请书时保持思路清晰,也能使评审者更容易理解申请的价值和意义,从而提高申请的成功率。

2.收集和整理相关的文献资料

这一环节的目的是确保申请所依据的理论基础和研究背景充分,增强申请的学术性和说服力。通过对国内外相关研究的全面了解,申请者可以在申请书中展现研究的创新性与必要性,以进一步增强评审者对申请的认可。此外,详尽的文献综述也能帮助申请者在研究过程中更好地定位自身的研究方向。

3.准备必要的支持材料

这些材料包括研究数据、实验结果和团队成员的资历证明等。这些实质性的支持材料不仅可以证明申请者的研究能力和团队实力,还能为申请书提供有力的佐证,使评审者更加信服。通过系统的准备工作,申请者能够以更高的成功率获得科研项目的支持,从而推动高等教育科研的进一步发展。

(二)科研成果申请的流程

1.明确科研成果申请的相关政策与要求

这不仅涉及对政策文件的深刻理解,还要求申请者具备一定的政策解读能力,以便在申请过程中能够准确把握各项要求。申请者还要深入研究相关领域的政策文件,确保对每一条要求都能准确理解,并在申请材料中有所体现。此外,申请者还应关注政策的动态变化,及时调整申请策略,以提高申请的成功率。

2.制定清晰的项目预算

合理分配经费,确保各项支出符合科研活动的实际需求与财务管理规定,是申请成功的关键。申请者需要在项目预算中详细列出各项支出,并说明其必要性和合理性,以便资助机构或评审单位能够清晰地了解资金的使用计划。项目预算不仅是数字的罗列,也是对科研活动整体规划的体现。申请者应具备良好的财务管理能力和科学的预算编制能力,以确保项目的顺利实施。

3.组建专门的申请团队

一个高效的申请团队需要具备多方面的专业知识和技能,这包括科研领域的专业知识、项目管理能力、财务管理能力等。团队成员的职责分工应明确,以便在申请过程中能够高效协作,确保申请材料的高质量和高效率完成。在团队的组建中,需要考虑团队成员的专业背景、工作经验和合作能力,以确保团队能够在申请过程中发挥最大的效能。

4.进行申请材料的多轮审核与修改

申请材料需要经过多轮的审核与修改,以确保内容的准确性和逻辑性,从而提升申请成功的可能性。在审核过程中,申请者需要仔细检查材料中的每一个细节,确保其符合相关要求,并通过多次修改提高材料的整体质量。通过多轮审核与修改,申请者不仅能发现材料中的错误和不足,还能通过不断优化提升申请材料的说服力和竞争力,从而提高申请的成功率。

（三）科研成果的审核与评审

科研成果审核的基本流程通常包括申请材料的初步审查、专家评审和最终决策。在初步审查阶段，审核人员需要对申请材料进行全面检查，以确保材料的完整性和合规性。在专家评审阶段，由相关领域的专家对科研成果进行深入分析和评价，最终由决策委员会根据专家评审意见做出最终的审批决定。这样层层把关的流程设计不仅提高了科研成果的质量控制，也为科研人员提供了公平竞争的环境。

科研成果审核评估的标准与指标是确保评审过程客观性和公正性的关键。通常，评审标准包括学术质量、创新性和社会影响力等方面。学术质量主要考查科研成果在理论深度、方法创新和数据可靠性上的表现；创新性关注成果在学术界或行业内的突破性贡献；社会影响力评估科研成果在社会应用和价值实现方面的潜力。这些标准的明确化有助于评审人员在审核过程中保持一致性和公正性，避免个人偏见的干扰，从而为科研人员提供一个透明、公平的评审环境。

确保审核过程的透明性是提升科研成果审核信任度与公信力的重要手段。透明性的实现主要依赖评审结果和评审标准的公开。公开评审结果可以让申请者了解成果在评审中的具体表现，明确自身优势与不足；公开评审标准则为申请者提供了明确的努力方向和改进目标。这种透明化的管理方式不仅提升了科研人员对评审过程的信任，也增强了科研管理机构的公信力，使科研成果的审核与评审在更高的层次上实现了公平与效率的统一。

（四）科研成果的后续监督

科研成果一旦产生，其价值不仅体现在理论创新上，也体现在实际应用中的效益与影响中。因此，建立一个完善的后续监督机制是确保科研成果持续发挥作用的关键。

为了提升科研成果管理的效率，建立信息化的科研成果管理系统显得尤为必要。该系统能够对所有科研成果进行全面记录、存档和追踪，确保每一项成果都有据可依。这种信息化管理不仅提高了科研管理的透明度，还能更好地协调各部门之间的合作，减少信息不对称带来的管理盲区。此外，通过信息系统的支持，科研管理者可以更迅速地了解科研成果的最新进展和应用情况，从而为决策提供及时的参考。

　　科研成果管理委员会的设立是保障科研成果管理后续监督的重要举措。委员会的职责不仅包括对科研成果实施进度的监督,还包括评估其实际效果,确保各项科研活动符合既定目标。委员会的多元化组成能够提供更全面的监督视角,促进科研成果的有效实施。通过定期的会议和报告,委员会可以及时调整管理策略,确保科研活动的顺利推进,并为科研人员提供必要的支持和指导。

　　制定科研成果后续跟踪机制是确保科研成果持续改进的重要环节。通过定期收集用户反馈和社会评价,科研管理者可以了解科研成果在实际应用中的表现和社会影响。这不仅有助于识别科研成果的不足之处,还有助于为其再开发提供方向。

三、科研成果的推广与应用

(一)多渠道科研成果传播策略

1.建立多媒体传播平台

　　通过视频、播客和网络直播等形式,可以将科研成果更加直观地呈现给不同受众。这种可视化的传播方式不仅增强了科研成果的可理解性,还增强了其传播效果,使更多人能够接触并理解复杂的科研内容。

2.利用社交媒体和专业网络

　　定期在这些平台上发布科研动态与成果,可以有效地增强与公众及学术界的互动与关注度。社交媒体的广泛覆盖和快速传播特性使科研信息能够被迅速传播。同时,专业网络则提供了一个与同行交流和合作的宝贵平台,科研人员可以在此分享成果、交流经验,从而进一步推动科研工作的深入发展。

3.参与行业会议和学术展览

　　在行业会议和学术展览中,科研人员可以直接展示自己的研究成果,吸引业界专家和潜在合作伙伴的关注。这不仅拓展了科研人员的专业网络,也为科研成果的实际应用创造了更多的可能性。通过面对面的交流,科研人员可以获得宝贵的反馈和建议,从而进一步完善研究工作。

4.撰写和发布科普文章及白皮书

　　以通俗易懂的语言解释复杂的科研概念,可以帮助公众更好地理解科研工作的重要性和潜在影响。这种传播方式不仅有助于提高公众的科学素养,还能激发他们对科研的兴趣和支持,同时也为科研工作的持续发展创造良好的社会环境。

5.开发在线课程和培训项目

通过这种方式,科研成果不仅可以在学术界得到广泛传播,还能在教育领域发挥重要作用。在线课程和培训项目为不同背景的学习者提供了获取最新科研成果的机会,促进了知识的普及和应用。这种结合教学与科研的传播策略能够有效地推动高等教育的创新发展。

(二)科研成果的市场化推广

通过市场化推广,高校的科研成果不仅能够实现经济价值的最大化,还可以促进科学技术的普及与应用。因此,明确科研成果的市场定位至关重要。市场定位的准确性直接影响推广策略的针对性和有效性。通过深入分析目标用户的需求,科研机构可以更好地将科研成果与市场需求相匹配,确保推广活动能够吸引潜在用户的关注和兴趣。这一过程需要结合市场调研与用户反馈,以确保科研成果能够真正满足市场的实际需求。

制订合理的市场推广计划是促进科研成果市场化的重要环节。一个有效的推广计划应包括明确的宣传渠道、合理的推广时间安排以及详尽的预算规划。应根据目标用户的习惯和偏好选择宣传渠道,以确保信息能够高效传递到目标群体中。安排推广时间时,要考虑市场的季节性变化和竞争对手的动态,以便在最佳时机进行宣传。合理的预算规划能够确保资金的有效利用和推广效果的最大化。

建立与行业相关的合作伙伴关系是提升科研成果市场推广效果的一种有效策略。通过与行业内的企业、机构建立合作,科研机构可以利用合作伙伴的资源和网络,扩大科研成果的影响力。这种合作不仅可以带来更广泛的市场接触,还能够通过合作伙伴的反馈和建议,进一步优化科研成果的市场定位和推广策略。合作关系的建立需要以互利共赢为基础,以确保双方在合作中都能够获得实际的利益和价值。

开展市场调研是优化科研成果推广策略的重要手段。通过市场调研,科研机构可以评估科研成果在市场中的接受度,并识别潜在的竞争对手。市场调研的结果可以为科研成果的产品定位提供科学依据,帮助科研机构在激烈的市场竞争中找到合适的定位和突破口。在调研过程中,科研机构应关注市场趋势、用户偏好及竞争对手的策略,以便在推广过程中及时调整策略,提升科研成果的市场竞争力。

(三)科研成果的公众宣传

建立科研成果的公众宣传机制是增强公众对科研成果认知和理解的重要手段。多渠道传播策略可以包括传统媒体、数字媒体以及公共活动等。通过这些渠道的综合运用,科研机构可以有效地将科研成果的信息传递给更广泛的公众群体。公众宣传机制的设立不仅有助于扩大科研成果的社会影响,还能促进公众对科学研究的兴趣和支持,为科研活动创造良好的社会环境。

鼓励科研机构与媒体合作是提升科研成果媒体曝光率的有效途径。通过与媒体的合作,科研成果可以获得更广泛的报道和关注,进而激发公众对科学研究的兴趣。媒体不仅是信息传播的载体,也是引导公众舆论的重要力量。科研机构应积极与媒体建立良好的合作关系,定期发布科研进展和成果,以确保科研活动的透明度和开放性,增强社会对科研机构的信任和支持。

设立科研成果展示平台是促进科研成果与社会对接的重要举措。通过定期举办成果发布会和展览,科研机构可以将最新的科研成果展示给公众和潜在的应用伙伴。这不仅有助于科研成果的推广和应用,还有助于促进科研人员与社会各界的互动和交流。

利用社交媒体和在线平台开展科研成果的互动宣传活动,是增强公众参与感和认同感的现代化手段。通过社交媒体的互动功能,科研机构可以与公众进行实时交流,收集公众的意见和建议,进一步完善科研成果的推广策略。在线平台的便捷性和广泛性使公众可以随时随地参与宣传活动。

四、科研成果的知识产权保护

(一)科研成果的专利申请与授权

科研成果的专利申请的基本流程包括初步检索、撰写申请材料和提交申请。初步检索是专利申请的第一步。通过对现有技术的检索,申请人可以判断其科研成果的创新性和专利性,从而避免重复申请或侵权风险。在撰写申请材料时,申请人需要详细描述技术方案,并提供必要的实验数据和技术图纸。提交申请后,专利局将对申请进行形式审查和实质审查,确保其符合专利法的要求。通过这一流程,科研成果可以获得法律保护,促进创新的传播与应用。

专利申请的类型主要包括发明专利、实用新型专利和外观设计专利。根据科研成果的性质,选择合适的申请类型是专利申请成功的关键。发明专利适用于具有较高创新性和技术水平的科研成果,通常涉及新的产品、方法或改进。实用新型专利适用于结构简单且实用性强的技术方案,如新型设备或工具的改进。外观设计专利保护产品的形状、图案或色彩的创新设计。在选择申请类型时,科研团队需要充分考虑科研成果的特点及其市场应用前景,以确保专利申请的针对性和有效性。

在专利申请过程中,技术交底书的撰写至关重要。技术交底书是专利申请的核心文件,它要求申请人应清晰、准确地描述技术方案及其创新点。通过详细的技术交底,申请人可以有效保护其创新成果,避免被他人模仿或侵权。此外,在撰写技术交底书时还应考虑国际专利申请的要求,以支持科研成果的全球化保护。

在专利授权后,科研团队需要定期维护专利权,如缴纳年费和监测侵权行为,以保护自身的合法权益。专利年费是维持专利有效性的必要费用,因此科研团队应按时缴纳,以避免专利失效。此外,科研团队还要主动监测市场上的侵权行为,并且通过法律手段维护专利权。在发现侵权行为时,及时采取法律措施,不仅可以保护科研团队的利益,还可以维护创新的市场秩序。

科研成果的专利转让与许可是实现科研成果商业化的重要途径。通过专利转让,科研团队可以将专利权出售给企业或其他机构,实现一次性收益。专利许可允许企业在特定条件下使用专利技术,如科研团队可以通过收取许可费获得持续收益。专利转让与许可不仅促进了科研成果的市场应用,也为科研团队带来了经济回报。在专利转让与许可过程中,科研团队需注意合同的制订和谈判,确保自身权益的最大化。

(二)科研成果商业秘密的保护

商业秘密是指不为公众所知悉,能为权利人带来经济利益的信息。在科研成果中,商业秘密的保护尤为重要,因为它不仅涉及学术声誉,还涉及市场地位的维持和发展。通过有效的商业秘密保护,可以防止竞争对手轻易获取核心技术和创新成果,从而保持机构的竞争优势。科研机构需要明确商业秘密的重要性,并将其融入科研管理的各个环节,以确保科研成果的安全和价值最大化。

为了保护科研成果的商业秘密,建立完善的内部管理制度是必不可少的。科研机构应制定明确的保密政策,确保所有科研团队的成员了解并遵守保密义务。通过签署保密协议,可以在法律层面上约束团队成员的行为,防止信息泄露。此外,管理制度应涵盖信息的存储、传输和分享等各个方面,以减少因人为疏忽导致的泄密风险。通过严格的内部管理,可以有效地保护商业秘密,维护科研成果的完整性。

在技术层面,实施有效的保护措施是确保商业秘密不被泄露的关键。加密数据可以防止未经授权的人员获取敏感信息。此外,限制访问权限也是保护商业秘密的重要措施之一。通过设置不同的访问权限,科研机构可以确保只有特定人员能够接触到敏感信息,从而降低信息泄露的风险。技术措施的实施需要与内部管理制度相结合,以形成全面的保护体系,确保科研成果的安全。

为了有效管理和保护商业秘密,科研机构需要制定明确的识别和分类标准。应根据科研领域的特点和实际需求制定识别和分类标准,以确保其适用性和有效性。此外,科研机构还应定期审查和更新这些标准,以应对不断变化的科研环境和信息安全挑战。

定期进行商业秘密保护培训是提高团队成员意识和能力的重要手段。通过培训,团队成员可以了解保护商业秘密的法律责任和实际操作,增强他们的保密意识和技能。这不仅有助于降低信息泄露的风险,还可以提高团队的整体安全水平。科研机构应将商业秘密保护培训纳入常规培训计划,以确保所有成员都能掌握必要的知识和技能,从而有效保护科研成果。

(三)科研成果的软件著作权管理

软件著作权指的是对软件作品的创作者,尤其是科研团队在开发过程中所创造的软件产品,授予的法律保护权利。该权利的核心在于保护软件的源代码、算法设计及其独特的用户界面等知识产权。对于高等教育机构来说,软件著作权的重要性不仅在于保护科研团队的合法权益,还在于促进软件创新和知识共享。通过获得软件著作权,科研团队可以合法地控制软件的使用、复制和分发,防止未经授权的使用和复制,从而保护其开发成果的市场价值和学术声誉。

软件著作权的申请流程是确保软件产品合法性和有效性的关键步骤。软件著作权的申请流程包括以下三个方面。首先,科研团队需要准备详细的申请材料,如软件的源代码、使用说明、设计文档等,这些材料需要清晰地展示软件的独创性和功能特性。其次,申请人需要向国家版权局或相关机构提交申请,填写必要的表格并缴纳相应费用。最后,在审核阶段,版权机构将对提交的材料进行详细审查,以确认软件的原创性和符合著作权保护的条件。通过这一流程,科研团队可以获得合法的软件著作权,确保其软件产品在法律框架内得到全面保护。

软件著作权的保护范围包括但不限于软件的源代码、设计文档、用户界面设计等。源代码是软件的核心部分,因此受到严格的著作权保护。此外,软件的设计文档和用户界面也是著作权保护的重要组成部分。这些元素不仅展示了软件的功能和操作流程,还反映了开发者的设计理念和用户体验优化。因此,科研团队在申请软件著作权时,应全面考虑这些元素,以确保软件作品的各个方面都得到有效的法律保护。

软件著作权的维护与管理是保护科研团队知识产权的重要环节。科研团队应定期检查软件著作权的状态,确保其在法律上持续有效。这包括监控著作权的有效期、更新软件版本信息,以及在必要时进行续展或变更申请。此外,科研团队还应关注市场动态,及时发现和应对潜在的侵权行为。通过完善的著作权管理机制,科研团队可以有效地维护其知识产权,保障软件产品的市场竞争力和创新价值。

软件著作权的侵权行为主要表现为未经授权的使用、复制或分发软件产品。这些行为不仅侵犯了科研团队的合法权益,还可能导致严重的法律后果。侵权行为一旦被确认,侵权方可能面临法律诉讼、经济赔偿以及声誉损失等后果。为了防范侵权行为,科研团队应采取多种措施,如加强软件的技术保护、提高团队的法律意识、及时注册软件著作权,以及与法律专家合作开展知识产权保护培训。通过这些措施,科研团队可以有效地降低侵权风险,确保其科研成果在法律框架内得到全面保护。

第四节　科研平台管理

一、科研平台的建设与布局

(一)科研平台目标与功能定位

科研平台的目标是促进学术研究的高效性和创新性,提供必要的支持和资源以增加科研产出。通过明确的目标设定,科研平台能够有效地引导研究活动的方向,确保研究资源的优化配置和合理使用。这不仅能提高研究的深度和广度,还能推动学术成果的创新和突破。

科研平台应涵盖数据管理、实验设备共享及技术支持等,以满足不同学科和研究需求。现代科研的复杂性和多样性要求平台具备灵活的功能组合,以适应快速变化的研究环境和多样化的科研需求。通过提供全面的支持服务,科研平台能够为研究人员提供一个高效的工作环境,助力研究工作的顺利开展。

科研平台应注重用户体验,提供友好的界面和便捷的操作流程,以吸引更多科研人员的参与和使用。一个高效的科研平台不仅需要强大的功能支持,还需要关注用户的实际使用体验。通过优化用户界面设计和简化操作流程,科研平台可以提高用户的满意度和使用频率,从而提高整体科研活动的效率。

科研平台应建立健全的管理机制,确保资源的合理分配和使用。在平台的管理过程中,必须制定明确的管理制度和流程,以保障资源的公平分配和有效利用。通过严格的管理机制,科研平台能够确保各项科研活动的有序进行,减少资源浪费和不当使用的情况。这不仅能提高平台的运行效率,也能增强研究人员对平台的信任和依赖。

科研平台还应注重与外部机构的合作,建立开放的交流与合作机制,促进科研成果的共享与转化。开放的合作机制能够打破科研壁垒,促进学术界与产业界的互动与合作。通过与外部机构的合作,科研平台可以获得更多的资源和支持,推动科研成果的实际应用和产业化。这种合作不仅有助于提高科研的社会影响力,也能为科研人员提供更多的发展机会和平台。

(二)科研平台的信息化建设

随着信息技术的迅猛发展,科研平台的信息化不仅是技术的创新,也是科研管理模式的深刻变化。通过信息化建设,科研平台能够更有效地整合资源、优化流程、提高科研效率。信息化建设的核心在于实现科研数据的集中管理和高效利用,这需要建立一个统一的数据管理系统。这样的系统不仅提高了科研数据的利用效率,还为科研人员提供了一个可靠的数据基础,支持他们进行深入的科学研究。

建立科研平台的统一数据管理系统是信息化建设的关键步骤之一。通过这样的系统,可以集中存储科研数据,避免数据的分散和冗余问题。同时,数据的共享和分析功能使科研人员能够快速地获取所需要的信息。在统一数据管理系统的建设中需要考虑数据的兼容性和扩展性,以适应不断变化的科研需求。此外,系统的设计者还应关注用户体验,确保科研人员能够方便地进行数据的录入、检索和分析,从而提高科研工作的效率。

在科研平台的信息化建设过程中,开发用户友好的在线操作界面至关重要。一个直观简洁的界面能够简化科研人员的使用流程,使他们能够专注于科研本身,而不是技术操作。通过提升用户体验,科研平台可以吸引更多的科研人员参与其中,形成良好的科研生态系统。在线操作界面的设计者应充分考虑科研人员的使用习惯和实际需求,提供个性化的功能和服务,以便科研人员能够高效地开展工作。此外,在线操作界面还应具备良好的可用性和可访问性,确保不同背景和技能水平的科研人员都能够轻松使用。

引入云计算和大数据技术是提升科研平台计算能力和数据处理能力的重要手段。云计算技术能够根据科研项目的需求动态调整计算能力,支持大规模的科研项目。大数据技术可以帮助科研人员从海量数据中提取有价值的信息,推动科学发现和技术创新。通过云计算和大数据技术的应用,科研平台能够更好地支持复杂的科研任务,提高科研人员的工作效率和科研成果的质量。

在信息化建设中,信息安全管理措施的实施是不可或缺的。科研数据和个人信息的安全性直接关系科研工作的顺利进行和科研人员的信任。因此,科研平台应建立完善的信息安全管理体系,采取有效的技术和管理措施,防止数据泄露和不当使用。这包括数据加密、访问控制、日志审计等安全技术手段,以及安全培训、安全意识提升等管理措施。通过信息安全管理,科研平台能够为科研人员提供一个安全可靠的工作环境,保障科研数据的完整性和保密性。

科研平台的在线协作工具是促进科研人员之间实时沟通与协作的重要工具。通过这些工具,科研人员可以在不同地点、不同时间进行无缝的合作,提高团队的工作效率。在在线协作工具的建设中,需要考虑科研人员的实际需求,提供便捷的沟通、共享和协作功能。通过实时的沟通和协作,科研人员能够更快速地交流想法、分享数据和成果,以推动科研项目的顺利进行和创新成果的产生。在线协作工具的使用还可以打破地域和时间的限制,促进跨学科、跨地区的科研合作,形成更加开放和多元的科研生态。

二、科研平台的资源配置与管理

(一)科研资源的有效分配机制

合理的资源分配不仅能提升科研效率,还能推动创新和学术进步。建立科学的资源分配机制需要考虑多方面的因素,如科研项目的性质、紧急程度及其对学科发展的贡献。通过设立明确的优先级评估标准,可以有效地将有限的资源分配给最需要的项目,确保高价值项目获得优先支持。这一机制的实施需要结合高校的整体科研战略,以实现资源的最优配置。

为了确保科研资源分配的透明性和公正性,设立科研资源管理委员会至关重要。该委员会负责制定和监督资源分配的政策和管理流程,确保资源配置过程的公开透明。委员会的工作包括评估项目申请,审核资源使用情况,并根据既定标准进行资源分配决策。通过这样的组织结构,可以有效减少资源分配中的主观偏见,提高决策的公正性和合理性。此外,委员会还应定期更新分配政策,以适应不断变化的科研环境和需求。

实施动态资源管理机制是提升科研资源利用效率的关键。通过定期评估科研资源的使用情况,高校能够及时了解资源的消耗和需求变化,并据此调整资源配置。这种动态管理不仅能优化资源使用,还能在资源紧张时快速响应科研需求。同时,动态管理机制还能够促进高校间的资源协调与合作,形成更加紧密的科研网络。

科研团队之间的资源共享与合作是提高科研资源利用效率的重要途径。通过建立共享平台,科研团队可以互相利用已有资源,避免重复投资和资源浪费。这种合作不仅能节省资源,还能激发团队间的创新思维,推动科研成果的快速转化。共享平台的建立需要高校提供必要的技术支持和管理机制,以确保资源的顺畅流动和合理使用。通过鼓励资源共享,高校可以实现资源的最大化利用,进一步推动科研的可持续发展。

(二)科研装备和设施的维护与更新

为了保证科研装备的正常运作,减少故障率和停机时间,制订定期的设备维护计划显得尤为重要。通过科学的维护计划,科研机构可以提前识别潜在问题,避免设备在关键时刻出现故障,从而保障科研活动的连续性和稳定性。这不仅提高了设备的使用寿命,还能有效地控制维护成本,提升科研平台的整体效能。

在设备管理过程中,实施设备使用记录制度是提升管理水平的重要措施。通过详细记录科研装备的使用情况,管理者可以实时掌握设备的运行状态,及时发现和解决潜在问题。设备使用记录不仅有助于故障的快速诊断和维修,还有助于为设备的更新和采购提供科学依据。定期分析这些记录数据,可以帮助科研机构优化设备配置,合理安排设备的使用,提高设备利用率,确保科研活动的顺利开展。

随着科技的进步,科研机构也需要引入先进的管理软件,以优化管理流程,提高设备调度效率。现代管理软件能够实现设备信息的数字化和智能化管理。通过集成的系统平台,管理者可以实时监控设备的运行状态,进行远程调度和资源分配。这种信息化管理方式不仅提高了设备的使用效率,还能减少人为操作带来的误差和资源浪费,从而提升科研平台的整体管理水平。

为了确保科研装备的有效使用,组织定期的培训和技术交流也是不可或缺的。通过专业的培训,科研人员可以掌握最新的设备操作和维护技能,提升其专业素养和技术水平。技术交流为科研人员提供了一个分享经验和解决问题的平台,这有助于形成良好的学术氛围和创新环境。这种持续的能力提升和知识更新不仅保障了科研活动的顺利进行,也为科研平台的长远发展奠定了坚实的基础。

(三)科研平台运营成本的监控与优化

定期评估科研平台的运营费用,可以帮助管理者及时发现并纠正超支或不必要的开支,从而避免财务风险。通过现代化的成本监控系统,科研平台可以实现对各项费用的精细化管理,确保资金的合理使用。同时,定期的费用评估为科研平台的长远发展提供了数据支持,使管理者能够在财务管理中做出更精准的决策。

通过数据分析识别低效使用的资源,科研平台可以减少不必要的支出,提高资源的利用效率。数据分析不仅可以帮助识别资源配置中的薄弱环节,还可以为资源的重新配置提供科学依据。优化资源配置的过程也是不断提升科研平台整体效能的过程。

鼓励科研团队进行成本效益分析是提升科研平台经济效益的重要措施。通过对各项科研活动的经济效益进行评估,科研团队可以为未来的资源投入和运营决策提供指导。这种分析不仅有助于提高科研活动的经济回报,还能为科研平台的长远发展奠定坚实的基础。成本效益分析的结果可以为科研平台的管理者提供决策支持,使其在资源配置和运营管理中更加游刃有余。

三、科研平台的信息化与数据管理

(一)科研平台数据安全与隐私保护

1.建立完善的数据加密机制

通过采用先进的加密技术,可以在数据传输和存储过程中有效防止数据泄露。此外,数据加密机制的实施需要与科研平台的整体架构相结合,以确保其在高效性和安全性之间取得平衡。

2.制定严格的数据访问权限管理制度

数据访问权限管理制度的核心在于仅允许经过授权的用户访问特定数据,从而避免未经授权的访问和潜在的数据泄露风险。通过细化权限分配,科研平台能够在保障数据安全的同时,提高数据使用的灵活性和效率。此外,在权限管理制度的实施中,需要考虑不同科研项目和用户的具体需求。

3.开展数据安全培训

定期开展数据安全培训,可以帮助团队成员了解最新的安全威胁和防范措施,从而增强其防范能力。这些培训不仅能提高科研人员的安全意识,还能促进团队内部的安全文化建设。通过培训,科研人员在面对具体的安全问题时能够迅速做出正确反应。

4.实施数据备份与恢复策略

数据备份可以在数据丢失或损坏的情况下,提供恢复的途径,确保科研工作的连续性。建立定期备份机制,并将备份数据存储在安全的异地服务器上,可以有效降低数据丢失的风险。此外,制定数据恢复策略时需要考虑不同类型数据的重要性和恢复优先级,以确保在紧急情况下,能够迅速恢复关键的科研数据。

5.建立数据安全监测系统

通过实时监控数据使用情况,科研平台可以及时发现并处理潜在的安全威胁和违规行为。监测系统应具备智能化分析能力,能够对异常数据活动进行预警和响应。这不仅有助于提高科研平台的整体安全性,还能为后续的安全策略调整提供数据支持和决策依据。

(二)科研平台的信息共享与互操作性

在高等教育科研管理中,科研平台的信息共享与互操作性是提升科研效率与创新能力的关键。科研平台需要通过信息共享与互操作性,打破信息孤岛,实现资源的有效整合与利用。因此,需要建立统一的数据标准与格式。统一的数据标准与格式能够确保不同科研平台之间的数据无缝对接与共享,从而提升数据的互操作性。这不仅有助于提高科研数据的可用性,还能够促进科研人员之间的合作,推动科研成果的快速转化与应用。

为了进一步促进科研平台之间的数据交换与功能整合,开发开放的应用程序接口是必不可少的。开放的应用程序接口使各类科研平台能够方便地实现数据交换与功能整合,促进跨平台的协作与信息流动。通过应用程序接口的开发,科研平台可以实现数据的实时传输与共享,消除信息壁垒,提升科研活动的效率。同时,应用程序接口的开放性也为科研平台的扩展与升级提供了可能。

在数据共享过程中,实施数据共享协议是确保数据使用合规性与安全性的保障。数据共享协议明确了各方在数据共享过程中的权利与义务,保障了数据的合法使用与安全性。通过协议的约束,科研平台可以有效规避数据使用过程中的法律风险,确保科研数据的合规性。同时,数据共享协议的实施也有助于提升科研数据的安全性,防止数据泄露与滥用,保障科研活动的顺利开展。

科研平台的信息共享需要构建多层次的数据共享机制,以支持不同类型数据的共享。多层次的数据共享机制能够满足科研人员的多样化需求,提升科研活动的针对性与有效性。同时,这种机制的构建也有助于科研数据的分类管理与存储。

引入区块链技术可以确保数据共享过程中的透明性与可追溯性。通过区块链技术的引入,科研数据的共享过程变得更加透明,数据的来源与使用途径可追溯。这不仅有助于提高科研数据的安全性,还能够增强科研人员对数据共享的信心,促进科研平台的可持续发展。

(三)科研数据的标准化与规范化处理

标准化是指通过统一的格式和规范处理科研数据,使其具备良好的结构性和一致性。这对于跨学科研究和国际合作尤为重要,因为不同领域和国家的数据标准可能存在显著差异。标准化不仅能减少数据处理的复杂性,还能提升数据的准确性和完整性,从而为科学研究提供坚实的基础。随着科研活动的日益复杂化,数据标准化的重要性愈加凸显。

科研数据的格式规范与一致性要求是实现标准化的核心。格式规范涉及数据的存储形式、编码方式和文件结构等方面。这些规范不仅有助于数据的长期保存和易于访问,还能确保数据在不同软件和平台上的兼容性。格式的一致性要求强调在同一研究项目或机构内,数据格式应保持统一,以便进行数据的整合和分析。这一要求在大数据时代尤为重要,因为不一致的数据格式会导致数据处理的复杂性增加,甚至影响研究结论的准确性。

科研数据的元数据管理与描述标准是数据标准化的重要组成部分。元数据是关于数据的数据,它提供了数据的背景信息、来源、用途等关键信息。通过有效的元数据管理,科研人员可以快速了解和使用数据,提升研究效率。描述标准规定了元数据的记录方式和内容要求,以确保其清晰、完整和准确。元数据管理不仅有助于数据的有效组织和检索,还能增强数据的可追溯性和可信度。

科研数据的质量控制流程与标准是确保数据准确性和可靠性的关键。质量控制流程包括数据收集、处理、存储和分析等各个环节的检查和验证,以确保数据的完整性和一致性。制定明确的质量标准有助于识别和纠正数据中的错误和偏差,防止不准确数据对研究结果的影响。高质量的数据是科研成功的基石,因此,建立健全的质量控制流程和标准是科研数据管理中不可或缺的一部分。

科研数据的共享与开放获取政策指导为科研合作和知识传播提供了重要保障。共享与开放获取政策旨在打破数据壁垒,促进数据的广泛使用和再利用。这不仅有助于提升科研效率,还能加速科学发现和创新。政策指导强调在共享数据时应遵循相关法律法规,保护数据隐私和知识产权。同时,开放获取政策鼓励科研人员在发表成果时提供数据支持,以增强研究的透明性和可信度。通过这些政策的实施,科研数据的价值能够得到最大化的发挥。

第五章　高等教育教师管理

第一节　高等教育教师招聘与选拔

一、高等教育教师招聘的原则与程序

(一)高等教育教师招聘的原则

1.按需设岗

按需设岗的原则要求高校根据自身的发展规划、学科布局以及教学科研的实际需求,合理地设置招聘岗位。高校应明确岗位的职责、工作内容,以及所需要的专业背景、学历层次、职称要求等,确保招聘的岗位与学校的长远发展目标相匹配。在此基础上,高校应制订详细的招聘计划,明确招聘的时间表、流程安排及预算等,为招聘工作的高效开展奠定坚实基础。

2.公开招聘

公开招聘意味着需要通过官方网站、招聘平台、社交媒体等多种渠道广泛发布招聘信息,确保信息覆盖的广度和深度。招聘信息应包含岗位名称、招聘人数、岗位职责、任职要求、报名时间、报名方式等关键信息,以便应聘者能够全面了解招聘岗位的情况,并做出合理的选择。同时,高校应设立专门的咨询渠道,如电话、邮箱等,及时解答应聘者的疑问,提升招聘工作的透明度和公信力。

3.平等竞争

平等竞争原则要求所有应聘者享有平等的竞争机会,不受性别、年龄、民族等任何形式的歧视。高校应制定公平、公正的选拔标准,确保选拔过程的客观性和准确性。在招聘过程中,高校应严格遵守相关法律法规,保护应聘者的合法权益,避免任何形式的违规行为。

4.择优聘任

择优聘任原则强调高校应根据应聘者的综合素质、教学能力、科研成果等方面进行综合评价,选拔出最适合岗位的人才。在评价过程中,高校应注重应聘者的教学能力和实践经验,同时考查其科研潜力和创新能力。对于具有显著科研成果或教学成就的应聘者,高校可适当给予优先考虑。此外,高校还应关注应聘者的团队合作精神和职业道德素养,确保所选人才能够与学校的文化氛围相契合。

5.严格考核

严格考核原则要求高校应建立完善的考核机制,以便对应聘者进行全面、客观的考核。考核内容应包括专业知识测试、教学能力评估、科研成果审核等多个方面。同时,高校应设立试用期制度,对新聘教师进行一定期限的试用考核,确保他们能够胜任岗位工作。通过严格的考核,高校可以筛选出真正符合岗位要求的人才,为学校的长远发展提供有力保障。

6.合约管理

合约管理原则要求高校与应聘者签订正式的聘用合同,明确双方的权利和义务。聘用合同应包含岗位名称、工作职责、薪资待遇、福利待遇、聘用期限、违约责任等关键条款。通过签订聘用合同,高校可以确保所选择的人才能够按照合同规定履行岗位职责,同时保障应聘者的合法权益。此外,高校还应定期对聘用合同进行审查和调整,以适应学校发展的需要和法律法规的变化。

(二)高等教育教师招聘的程序

1.发布招聘公告

高校应根据招聘计划,及时发布招聘信息。招聘信息应包含岗位名称、招聘人数、岗位职责、任职要求、报名时间、报名方式等关键信息。同时,高校还应明确招聘的流程和时间安排,以便应聘者能够合理安排时间,准备相关材料。发布招聘信息时,高校应注重信息的准确性和完整性,避免出现歧义或遗漏。

2.报名与资格审查

应聘者应按照招聘信息的要求,在规定时间内提交报名材料。报名材料通常包括个人简历、学历学位证书、职称证书、教学科研成果证明等。高校应设立专门的审查机构,对报名材料进行认真审查,核实应聘者的学历、职称、教学经验等是否符合岗位要求。对于符合要求的应聘者,高校应通知其参加后续的考试和综合评价环节。对于不符合要求的应聘者,高校应及时告知其审查结果,并说明原因。

3. 考试

高校应根据招聘岗位的特点和要求,设计合理的考试内容和形式。考试通常包括笔试、面试和试讲等环节。笔试主要考查应聘者的专业知识和业务能力;面试通过自我介绍、专业知识提问、教学方案设计等环节,评估应聘者的综合素质和教学能力;试讲通过实际教学演示,考查应聘者的教学技巧和课堂掌控能力。高校应制定详细的考试评分标准,确保考试的公正性和准确性。同时,高校应加强考试的组织和管理,确保考试过程的安全和有序。

4. 综合评价

高校应根据考试结果和应聘者的教学科研成果、团队合作精神、职业道德素养等方面进行综合评价。在进行综合评价时,应坚持客观公正、全面准确的原则,避免主观臆断和偏见。在综合评价的过程中,高校应充分听取专家教授、学科带头人的意见和建议,确保评价的准确性和权威性。对于综合评价结果优秀的应聘者,高校应给予优先考虑;对于综合评价结果不合格的应聘者,高校应及时告知其评价结果,并说明原因。

5. 体检与政审环节

高校应要求通过综合评价的应聘者进行体检和政审。体检主要考查应聘者的身体健康状况是否符合岗位要求;政审通过审查应聘者的政治立场、道德品质、遵纪守法情况等方面,确保所选人才具有良好的政治素质和道德品质。对于体检和政审合格的应聘者,高校应通知其参加后续的录用和公示环节;对于体检或政审不合格的应聘者,高校应及时告知其结果,并说明原因。

6. 录用与公示

对于通过体检和政审的应聘者,高校应根据综合评价结果和招聘计划,确定最终录用名单。录用名单应在高校官方网站等渠道进行公示,接受社会监督。在公示期间,高校应设立专门的举报渠道,及时受理和处理相关举报和投诉。对于公示无异议的应聘者,高校应与其签订正式的聘用合同,办理相关录用手续。对于公示有异议的应聘者,高校应认真核实情况,并根据核实结果做出相应处理。

二、教师选拔的标准

(一)多维度评价与综合能力考查

1.学科知识与教学能力

学科知识的深度和广度直接影响教师在课堂上的教学质量。教学能力是指教师不仅具备扎实的专业基础,还能够采用有效的教学方法来激发学生的学习兴趣和潜能。通过严格的学科知识测试和教学能力面试,可以有效筛选出在专业领域中表现突出的候选人,并为高等教育机构输送高质量的师资力量。

2.沟通与互动能力

通过对教师在课堂上与学生及同事的交流能力和团队合作精神的考查,可以评估其是否具备良好的沟通技巧和合作意识。这不仅能提升课堂教学效果,还能促进教师之间的学术交流与合作,形成良好的学术氛围,推动高等教育机构的整体发展。

3.教育理念与教学反思能力

教师对教育的理解和自我改进的意识直接影响教学效果和学生的学习体验。通过对教师教育理念的深入探讨和教学反思能力的考查,可以判断其是否具备创新的教育思维和持续改进的动力。这种能力的提升对于适应不断变化的教育环境和学生需求至关重要。

4.适应能力

高等教育环境瞬息万变,因此教师需要具备快速适应新情况的能力。通过模拟教学情境和角色扮演等方式,可以评估教师在复杂环境中的适应能力和解决问题的能力,从而确保他们能够在实际教学中游刃有余。

5.科研能力与学术贡献

教师不仅是知识的传播者,也是知识的创造者。通过对教师在学术研究方面的潜力和过往成果的考查,可以评估其在科研领域的创新能力和贡献度。这不仅有助于提升教师的学术水平,还能推动高等教育机构的科研发展,增强其在国际学术界的影响力。

(二)重视科研成果与教学实践

科研成果应与教学内容紧密结合,这样才能确保教师在课堂上能够将最新的研究动态和实践经验传递给学生。通过这种方式,教学的前沿性和实用性得以提升;学生在获取知识的同时,也能领略到学科发展的最前沿。这不仅有助于学生的全面发展,也能促进教师在教学和科研之间的良性互动。

在科研过程中,教师被鼓励探索与教学相关的课题,这种双向互动能够使教师在实践中不断优化自己的教学方法。通过这种探索,教师不仅能丰富自身的科研经验,还能将这些经验转化为教学中的实际案例,使课堂更加生动和具有吸引力。同时,这种方法能激励教师不断追求创新,为教学注入新的活力和视角。

建立科研成果转化机制是支持教师将研究成果用于实际教学的关键步骤。这种机制的建立不仅能提升教学质量,还能改善学生的学习体验。通过将科研成果融入教学,学生能够更加深入地理解学科内容,并从中获得启发。这种直接的应用也能激发学生的学习兴趣,使他们在学习过程中更加主动。

教师在科研中培养的批判性思维和创新能力也在教学中发挥重要作用。这些能力能够直接增强教师的教学效果,使学生在学习过程中更加投入和积极。批判性思维的培养使教师能够更好地引导学生进行深入思考,而创新能力则帮助教师设计出更具有吸引力和挑战性的课程内容。

通过参与科研项目,教师不仅获得了丰富的实践经验,也为个人职业发展奠定了坚实的基础。这些经验不仅有助于教师在学术领域的深耕细作,也能为教学注入新的活力和视角。教师在科研实践中积累的知识和技能,不仅提升了个人的职业素养,也为学生的学习过程提供了丰富的资源和支持。

三、教师招聘与选拔的改进与优化

(一)完善招聘流程的反馈机制

通过建立招聘流程中的反馈收集机制,确保各个环节的参与者能够提供意见和建议,是提升招聘流程有效性的关键。这样的机制不仅有助于识别当前流程中的不足,还能为后续的流程改进提供宝贵的参考。为了实现这个目标,定期评估招聘流程的有效性显得尤为重要。结合反馈信息,分析招聘结果与目标的匹配度,可以帮助优化选拔标准与程序,确保招聘到的教师能够更好地满足教育机构的需求。

设立专门的反馈小组是完善反馈机制的另一个重要举措。该小组负责收集和整理参与招聘的教师与管理者的反馈,形成系统的改进建议。通过这样的方式,可以确保反馈信息的全面性和准确性。这一过程不仅可以提高招聘的透明度,还能增强招聘参与者的积极性和参与感。此外,引入数据分析工具,对招聘过程中的各项指标进行量化分析,也是一种有效的改进手段。通过数据分析,能够识别出影响招聘效果的关键因素,从而为优化招聘流程提供科学依据。

开展招聘后评估会议是促进招聘流程持续改进的重要环节。邀请所有相关人员参与讨论,分享各自的经验和见解,可以为招聘流程的优化提供多元化的视角。这种集思广益的方式不仅能加强团队之间的沟通与协作,还能激发创新思维,为招聘流程的改进注入新的活力。

(二)加强跨学科合作与招聘

跨学科合作不仅能够整合不同领域的知识资源,还能促进教师在教学和科研中的创新。通过鼓励不同学科的教师共同开发综合性课程,可以有效提升学生的综合素质和创新能力。这种课程设计不仅要求教师具备深厚的学科知识,还要求其具备跨学科的视野和能力,以便在教学中引导学生进行多角度的思考和分析。通过跨学科合作,教师能够在教学中引入多样化的视角,帮助学生更好地理解和应用知识。

为了激发教师参与跨学科合作的积极性,建立跨学科合作的激励机制是必不可少的。通过项目资助和奖励制度,可以有效鼓励教师参与跨学科研究与教学活动。通过提供资金支持和荣誉奖励,学校可以吸引更多教师投入跨学科的研究和教学中,从而形成一个富有活力和创新精神的教师团队。这种机制的建立不仅有助于教师个人的发展,也为学校的整体学术水平的提升奠定了基础。

设立跨学科团队是实现教师资源共享与经验交流的重要途径。通过组建跨学科团队,教师可以在团队中分享各自的教学资源和科研经验,提升教学效果和科研成果的转化率。团队成员之间的合作与交流不仅能够激发创新思维,还能促使教师在教学和科研中不断突破学科界限,探索新的发展方向。跨学科团队的建立有助于打破学科之间的壁垒,促使教师在更广泛的学术领域中进行合作与创新,从而提升教育质量和科研水平。

组织跨学科研讨会和论坛,为教师提供展示研究成果的平台,是促进学科间互动与合作的有效策略。通过这些学术活动,教师可以分享自己的研究成果和教学经验,吸引其他学科的教师参与讨论与合作。这种互动与合作不仅能够促进教师之间的学术交流,还能推动不同学科之间的合作研究,拓展学术研究的深度和广度。通过跨学科研讨会和论坛,教师能够在多学科的视野下,重新审视自己的研究课题,从而推动学术研究的创新与发展。

引入跨学科招聘标准是确保教师队伍多样性与创新性的关键。在招聘过程中,关注候选人在多学科背景下的适应能力与合作精神,有助于打造一个富有创新活力的教师队伍。通过引入跨学科的招聘标准,学校可以吸引更多具有多学科视野和合作精神的优秀教师,从而推动高等教育的发展与创新。这样的招聘策略不仅有助于提升学校的教学质量,还有助于为学校的长远发展提供坚实的人才基础。

第二节　高等教育教师培训与发展

一、教师培训的内容与形式

(一)提高教学技能的专项培训

1.针对不同教学对象的教学策略培训

针对不同教学对象的教学策略培训,旨在帮助教师深入理解学生的学习需求与特点。这不仅有助于教师采用适合的教学方法,还能提高学生的学习效果和满意度。在这些培训中,教师通过案例分析和模拟教学等方式,能够根据学生的个体差异调整教学策略,从而实现因材施教的目标。此外,该培训还强调教师应具备的文化敏感性和全球视野,以应对日益多元化的课堂环境。

2.教育技术应用培训

在信息技术飞速发展的背景下,教师需要不断提升在课堂中有效使用现代教育技术工具的能力。通过这些培训,教师可以将多媒体、在线平台和其他数字工具整合到教学中,以增强教学互动性和学生参与度。教育技术不仅改变了传统的教学模式,也为教师提供了更多创新的教学方法和资源。在培训中,教师通过实践操作和技术演示,学会利用技术工具进行课程设计和课堂管理,从而提高教学效率和质量。

3. 课堂管理与沟通技巧培训

有效的课堂管理策略和沟通技巧不仅能帮助教师维持良好的课堂秩序,还能促进师生之间的积极互动。通过培训,教师学会运用心理学原理和沟通理论,在课堂上建立信任和尊重的氛围。培训内容包括冲突管理、积极倾听和反馈技巧等。这些技能有助于教师更好地理解和回应学生的需求,营造一个支持性和包容性的学习环境。

4. 课程设计与评估培训

课程设计与评估培训指导教师设计符合学习目标的课程,以及进行有效的学习评估,以确保教学质量的持续提升。教师在培训中学会制定明确的学习目标,设计出既能激发学生兴趣又能促进深度学习的课程内容。同时,培训涉及多样化的评估方法,以帮助教师通过形成性和总结性评估来监测和促进学生的学习进展。这一培训强调教学与评估的一体化设计,确保课程的连贯性和有效性,从而实现高等教育的教学目标。

(二)提高科研能力的专题研讨

科研能力不仅是教师个人发展的重要组成部分,也是提升高校整体学术水平的关键因素。通过专题研讨的形式,可以有效促进教师科研能力的提高。这些研讨会通常包括针对教师科研能力的评估与反馈机制。这种评估机制不仅有助于教师了解自身科研能力的现状,还能为其提供个性化的指导和支持,帮助教师在科研技能上取得实质性的进步。

定期举办科研能力提升研讨会是一种行之有效的方法。这些研讨会邀请领域内的专家分享最新的研究成果与方法,旨在激发教师的科研创新思维与实践能力。在这些研讨会上,教师们可以通过与专家的互动,了解当前研究的前沿动态,学习新的研究方法和技术,从而在自己的科研工作中应用这些新知识,进一步提高其科研水平。这种交流与学习的机会能够有效促进教师们在科研领域的创新与突破。

提供科研项目申请与管理的培训也是提升教师科研实践能力的重要途径。通过这些培训,教师可以学习撰写高质量的科研项目申请书,掌握科研资金申请的技巧,以及项目管理的基本知识。这不仅有助于教师获得更多的科研资源和支持,还有助于提高其在科研项目中的实际操作能力和管理水平。通过系统的培训,教师能够更加自信地开展科研工作,提高项目的成功率和成果的产出。

建立教师科研合作网络是提升整体科研水平与成果转化率的重要策略。通过这样的网络,教师们可以在跨学科的背景下进行合作,分享资源与经验,推动科研项目的顺利进行。这种合作不仅能促进教师之间的学术交流与合作,还能提升科研成果的质量。通过资源的共享与互补,教师们可以在各自的研究领域中取得更大的进展。这样的网络化协作方式不仅有助于个人的成长,也为学校和社会的科研创新提供了新的动力。

(三)个人职业规划与发展指导

职业规划不仅有助于教师个人成长,还能提升整体教学质量,进而推动高等教育的发展。这一过程要求教师深刻理解自身的专业优势与劣势,以便在职业生涯中做出明智的选择。

提供职业发展咨询服务是支持教师在职业选择、转型与晋升过程中获得专业指导与建议的有效途径。通过咨询服务,教师可以获得关于职业发展途径的个性化建议,帮助他们在复杂的职业环境中做出明智的决定。这些服务通常由经验丰富的教育管理专家提供,因为他们能够根据教师的个人背景和职业目标,制定出切实可行的发展策略。

建立个人发展档案是记录教师职业成长历程、培训经历和科研成果的有效方法。个人发展档案为教师提供了全面的职业发展记录,便于后续的职业评估与发展规划。通过系统地记录职业发展信息,教师可以清晰地看到自己的成长轨迹,并据此调整未来的发展方向。

鼓励教师参与专业社群和网络是促进同行之间交流与合作的重要策略。专业社群和网络为教师提供了一个分享经验和资源的平台,增强了他们的职业认同感和归属感。通过参与这些社群,教师能够拓宽职业发展视野,获取最新的行业动态和教育趋势。这种交流不仅能激发教师的创新思维,还能为他们提供更多的职业发展机会。另外,这种合作与交流的氛围有助于形成一个积极向上的教育共同体,推动高等教育的持续发展。

(四)教育技术应用的实践培训

实践培训的首要任务是帮助教师根据教学目标和学生需求选择合适的教育技术工具。通过系统的培训,教师能够掌握多种技术工具的使用方法,从而在课堂教学中灵活应用。这不仅提升了课堂的互动性和趣味性,还能有效地促进学生的学习积极性和参与度。

教育技术工具的选择与应用是实践培训的核心内容之一。教师需要学习如何评估各种教育技术工具的优缺点,并根据具体的教学情境进行合理选择。实践培训通过案例分析和模拟教学等方式,帮助教师在真实情景中运用技术工具,提升其教学效果。教师在培训过程中,要结合教学目标和学生需求,选择最合适的工具,以实现最佳的教学效果。这种能力的培养不仅提升了教师的专业素养,也有助于推动教学质量的全面提升。

在线教学平台的使用培训也是教育技术应用实践培训的重要组成部分。随着在线教育的普及,教师需要熟练掌握在线教学平台的功能,以便有效地进行课程设计、资料分享和学生互动。培训项目通常包括平台的基本操作、课程内容的组织与发布、在线讨论的引导技巧等。通过这些培训,教师能够增强课程的灵活性与可达性。这不仅提高了学生的学习效率,也为教师的教学创新提供了更多的可能性。

数据分析在教学中的应用培训,旨在提升教师的数据素养,使其能够利用数据分析工具评估学生的学习效果。通过对教学数据的深入分析,教师可以发现学生在学习过程中的问题与需求,从而进行有针对性的教学调整。培训内容包括数据收集、分析与解读的基本方法,以及如何将分析结果用于教学决策中。数据驱动的决策能够显著提升教学质量,实现个性化教学,使每位学生的学习潜力都能得到充分发挥。这种培训不仅提升了教师的专业能力,也推动了教育的科学化发展。

二、教师发展的策略

(一)制定个性化职业发展规划

1.定期评估自身的职业发展进程

通过评估,教师能够及时了解自身在职业发展中的进展情况,并根据教育环境和个人需求的变化,适时调整目标与策略。这种动态的评估机制有助于教师在快速变化的教育领域中保持灵活性和适应性,确保职业发展规划能够与时俱进。通过这种方式,教师能够在职业生涯中保持积极的姿态,不断提升自身的教育素养和职业能力。

2.积极参与专业培训与学习

通过参加各种形式的培训,教师可以接触到最新的教育理论和教学方法,丰富自己的知识体系,增强职业竞争力。在这个过程中,教师应选择与自身发展目标相符的培训项目,确保所学内容能够切实用于教学实践。同时,通过与同行交流和分享经验,教师可以拓宽视野,获取多元化的教学策略,为自身的职业发展注入新的活力。

3.建立职业发展支持网络

教师可以通过寻求导师或同行的指导与建议,获得在职业发展中所需要的支持和帮助。这种支持网络不仅有助于教师在职业生涯中获得更多的机会和资源,还能够为其提供情感支持和职业建议,帮助教师克服职业发展中的困难和挑战。通过与支持网络中的成员保持密切联系,教师能够在职业发展中获得持续的动力和灵感。

4.利用反思与总结机制

教师可以记录职业发展中的经验与教训,持续改进自身的教学与科研实践。反思是教师职业发展的重要组成部分。通过反思,教师能够识别自身在教学和科研中的优势与不足,为未来的发展提供参考。总结经验与教训不仅可以帮助教师在职业生涯中积累宝贵的经验,还可以为他们的职业发展提供有力的指导。通过这种不断反思和总结的过程,教师能够在职业生涯中实现自我提升和持续发展。

(二)提升多元化教学能力

跨学科的课程整合是提升教师多元化教学能力的重要途径之一。在教学过程中,教师可以结合不同学科的知识,设计综合性课程,培养学生的综合素质和创新能力。通过跨学科的教学实践,教师自身的专业素养和教学能力也将得到提升,从而更好地应对高等教育中日益复杂的教学挑战。

灵活运用教育技术是提升多元化教学能力的另一个重要方面。随着信息技术的发展,各类教育技术工具在教学中的应用越来越广泛。教师需要掌握这些工具,并灵活用于教学实践中,以增强课堂的互动性和学生的参与度。例如,利用在线学习平台、虚拟实验室和互动白板等技术手段,教师可以创建更加生动和富有吸引力的学习环境,激发学生的学习热情和主动性。

批判性思维的培养在多元化教学能力提升中具有重要意义。教师应在教学中引导学生进行批判性思考,帮助他们增强分析和解决问题的能力。在教学过程中,教师可以通过设置开放性问题、组织讨论和辩论等方式,鼓励学生质疑和反思,从而促进其批判性思维的发展。

建立反思性教学文化是提升教师多元化教学能力的有效策略之一。教师应定期进行自我反思和同行评议,以不断改进教学实践和提升教学质量。通过反思,教师可以识别教学中的不足和问题,进而采取有效措施进行改进。同行评议为教师提供了一个分享经验和互相学习的平台,这有助于促进教师专业发展和教学能力的提升。

三、教师培训与发展的保障与支持

(一)政策支持与制度保障

建立一个系统化的高等教育教师培训与发展的政策框架,可以明确各级教育机构的责任与义务。这一框架不仅能确保教师培训资源的有效配置与使用,还能促进资源的优化整合,使教师培训活动更加有序和高效。通过明确的政策指导,各教育机构能够确保教师获得所需要的资源与支持,从而推动专业能力的提升。

为了激励教师持续学习与专业成长,制定教师职业发展的激励政策显得尤为必要。这些政策应包括薪酬、晋升和荣誉体系等多个方面。通过合理的薪酬体系,教师能够得到与其工作努力相匹配的经济回报,从而提高工作积极性。晋升机制为教师提供了明确的职业发展途径,鼓励其不断提升自身的教学与科研能力。此外,荣誉体系的建立也能激励教师在教学与学术研究中追求卓越,形成良好的学术氛围,最终推动高等教育质量的整体提升。

设立专项资金支持教师培训与发展项目,是确保教师培训质量与效果的重要举措。专项资金的设立不仅能够保障培训项目的顺利开展,还能提升培训的质量与效果。为了确保资金的透明使用与合理分配,教育机构应建立严格的资金管理机制,定期对资金使用情况进行审计与评估。科学的资金管理能够有效避免资源浪费,确保每一笔资金都被用于提升教师的专业能力与教学水平,从而为教育质量的提升提供坚实的财力支持。

完善教师评估与反馈机制是提高教师培训针对性与实效性的关键。通过定期的评估与反馈,教师能够及时了解自身的教学优缺点,进而进行自我反思与改进。这一机制不仅能促进教师的职业成长,还能增强培训的针对性与实效性。教育机构应根据评估结果,调整培训内容与方式,确保培训能够真正满足教师的实际需求,帮助其在教学与科研中取得更大的进步。

建立教师专业发展与培训的制度保障是推动教师队伍持续发展。这个制度保障不仅能提高教师的专业水平与教学能力,还能增强他们对教育事业的责任感与使命感,最终推动高等教育事业的可持续发展。

(二)经费投入与资源配置

为了确保培训项目的顺利开展,建立教师培训与发展专项资金显得尤为重要。通过专项资金的设立,可以明确资金的使用方向,确保教师培训项目在计划内获得足够的经济支持,避免因资金不足而影响培训质量。此外,使用专项资金时,需要结合具体的培训需求,做到有的放矢,以提升教师培训的实际效果。

优化资源配置是提升教师培训与发展效果的另一个重要措施。优先保障教师培训与发展的必要设备与技术支持,能够有效提升培训的实际效果。现代化的设备和先进的技术支持不仅能提供更丰富的教学资源,还能为教师提供更直观的学习体验。通过优化资源配置,高校可以在有限的预算内,最大化地提升教师培训的质量。同时,设备与技术的优先保障也能为教师提供更便捷和高效的学习环境,增强培训的吸引力和实际效果。

鼓励高校与企业、科研机构等合作,形成资源共享机制,是拓宽教师培训与发展资源渠道的有效途径。通过与外部机构的合作,高校可以获得更多的资源支持和技术援助,丰富教师培训的内容和形式。这种合作不仅可以为高校带来先进的技术和设备,还能为教师提供更多的实践机会和学习资源。此外,资源共享机制的建立还能促进高校与外部机构的交流与合作。

制定经费使用的透明管理制度是确保资金透明的有效手段。透明的管理制度不仅能增强教师对培训项目的信任,还能提高资金使用的效率和效果。通过公开资金使用的具体情况,可以让相关人员了解资金的去向和用途,从而增强资金使用的规范性和合理性。此外,透明的管理制度还可以为资金使用的监督和审计提供依据,确保资金使用的合法性和合规性。

定期评估培训项目的资金使用效果,并结合反馈信息不断优化资源配置与经费投入策略,是提高培训质量的关键。通过评估和反馈,可以及时发现资金使用过程中存在的问题,并进行针对性的调整和改进。这种动态优化的策略不仅能提高资金使用的效率,还能不断提升培训项目的质量和效果。此外,定期评估和反馈机制的建立还能为未来的培训项目提供参考和借鉴,确保资金的投入与培训效果的最大化。

(三)国际交流与合作平台

通过建立国际教师交流项目,可以有效促进教师间的跨国合作与经验分享。这不仅有助于提升教师的教学质量,还能激发他们的创新能力。跨国合作为教师提供了一个了解不同教育体系和教学方法的机会,使他们能够学习国外先进的教育理念和技术,从而在教学实践中进行有效的创新和改进。

国际学术会议和研讨会平台为教师提供了展示研究成果的舞台。通过参与这些国际会议,教师可以拓宽学术视野,了解国际最新的研究动态和发展趋势,进而促进自身的学术交流与合作。这种平台不仅鼓励教师积极参与国际学术对话,还能为他们提供一个获取国际同行反馈的机会,从而不断提升自己的研究能力和水平。

与国外高校建立合作关系是提升教师国际化视野与教学能力的有效途径。通过开展教师互访与联合培养项目,教师能够直接参与国外高校的教学和研究活动。这种深度的交流与合作不仅有助于教师了解和掌握国际前沿的教学方法和研究技术,还有助于提升他们的文化沟通能力,从而使他们更好地应对国际化教育环境的挑战。

在线教育平台为国际课程合作提供了新的可能。通过这些平台,教师可以参与全球范围内的知识共享与教学资源整合。这种合作不仅有助于提升课程的国际化水平,还能为学生提供更加多元化的学习资源和机会。在线平台打破了地域限制,使教师和学生能够在全球范围内进行实时互动和学习。

国际研究合作基金为教师参与跨国研究项目提供了必要的支持。这种基金的设立不仅推动了学术研究的国际化发展,还为教师提供了更多参与国际研究的机会。通过参与这些项目,教师能够与国际同行展开深入合作,分享研究成果和经验,从而提升自身的研究能力和国际影响力。这种合作也有助于促进全球学术界的共同进步。

第三节　高等教育教师评价与考核

一、高等教育教师评价指标体系

(一)教学效果的学生反馈

学生反馈不仅是对教师教学效果的直接反映,也是评估教师在知识传授和概念解释方面有效性的重要指标。学生对教师课堂教学内容的理解程度,能够揭示教师在传授知识和解释复杂概念时的清晰度与准确性。这一反馈机制有助于教师识别教学中的薄弱环节,并进行必要的调整和改进,以提高教学质量。此外,学生的反馈还能够为教师提供关于教学内容的深度和广度的建议,以帮助教师更好地满足不同学生的学习需求。

学生在课堂上的参与度和互动情况同样是教师评价的重要方面。这一指标评估教师在激发学生积极性和创造性方面的能力。高等教育不仅是知识的传授,也是对学生批判性思维和创新能力的培养。通过观察学生在课堂上的参与情况,可以评估教师在营造积极学习环境和促进学生自主学习方面的表现。

学生对教学方法的满意度是衡量教师选择和应用教学策略适切性与有效性的重要标准。不同的教学方法适用于不同的教学内容和学生群体,因此教师需要根据实际情况灵活调整教学策略。学生的满意度反馈能够帮助教师了解哪些教学方法最受欢迎,并且最能促进学生的学习。这种反馈不仅能指导教师的教学实践,还能为学校的教学管理提供有力的数据支持。

学生的学习成果与成绩变化既是教师教学效果的直接反映,也是教学质量提升的关键指标。通过对学生成绩的分析,可以客观评估教师在教学中的成效。成绩变化不仅体现了学生对知识的掌握程度,也反映了教师在教学内容设计和实施方面的能力。教师可以通过分析学生成绩的变化趋势,识别出教学中的成功经验和需要改进的领域,从而不断优化教学策略,提升整体教学水平。

(二)科研成果的质量与影响

教师的科研成果不仅体现在数量上,也体现在质量和对学术界的贡献上。科研成果的发表数量及其在学术期刊中的影响因子,直接反映了教师在学术界的活跃程度和研究质量。高影响因子的期刊通常意味着该研究得到了同行的高度认可,并且表明教师在其研究领域内的领先地位。同时,发表在高质量期刊上的论文通常具有较高的学术价值和创新性,能够推动学术领域的发展。因此,在评价教师的科研成果时,应关注他们发表的期刊类型及其影响因子,以全面评估其学术影响力。

科研项目的获得情况也是评价教师科研能力与竞争力的重要方面。国家级和省级科研项目的立项数量显示了教师在激烈的学术竞争中脱颖而出的能力。这些项目通常伴随着严格的评审过程和高水平的研究要求。此外,科研项目的资金支持也为教师提供了更好的研究条件和资源,这进一步提升了科研成果的质量和影响。

科研成果的社会应用与转化是评估教师研究对社会实际问题解决能力及其影响力的关键指标。科研成果的社会应用与转化能够反映教师研究在社会经济、文化等领域的贡献程度。通过解决实际问题,教师的科研成果可以实现从理论到实践的转化,进而提升其社会影响力。这种转化不仅能够促进学术成果的推广应用,还能增强教师在社会中的声誉和影响力。

教师参与的学术会议及其在会议上发表的演讲或论文,是体现教师在学术交流中的参与度和影响力的重要方面。学术会议是学术界交流和分享研究成果的重要平台。通过参与学术会议,教师不仅能够了解最新的学术动态,还能与同行进行深入的学术交流与合作。教师在会议上发表的演讲或论文,能够展示其研究成果的创新性和影响力。

(三)教育技术的应用能力

在当前信息技术迅速发展的背景下,教师在课堂中有效运用教育技术工具的能力不仅能够提升教学的互动性,还能显著增加学生的参与度。这种能力要求教师应熟悉各种现代教育技术工具,并能够将其灵活地用于教学实践中,以促进课堂的动态互动和学生的积极参与。例如,教师可以通过使用交互式白板、在线测评工具等,实时获取学生的反馈,从而调整教学策略,确保每位学生都能跟上课程进度。

此外,教师对在线教学平台的熟练使用也是评价其教育技术应用能力的关键方面。随着在线教育的普及,教师需要能够设计和实施灵活的课程安排,以满足不同学生的学习需求。这不仅包括对教学内容的科学组织和合理安排,还包括利用在线平台的各种功能,如讨论区、作业提交系统等,支持和促进学生的学习。教师通过在线平台的有效使用,可以实现教学资源的共享,从而为学生提供个性化的学习体验。

教师利用数据分析工具评估学生学习效果,是提升教学质量的又一个重要手段。通过数据驱动的决策,教师可以更准确地识别学生的学习困难和需求,进而采取针对性的教学干预措施。数据分析工具能够帮助教师了解学生的学习进度,分析学习行为模式,并评估教学方法的有效性。这种基于数据的教学评估不仅提高了教学的科学性和精准性,也为教师提供了改进教学策略的依据。

(四)团队协作与创新能力

在现代高等教育环境中,教师需要具备识别并承担团队任务的能力。这种能力不仅体现在教学项目的设计与实施中,还体现在学术研究、课程开发等各个方面的协同努力上。教师的协作意识和角色认知能够有效促进团队成员之间的信任与理解,从而提升团队的整体效能。

教师之间的知识共享与经验交流是提升团队协作与创新能力的基础。通过跨学科的合作,教师可以打破传统学科界限,融合不同领域的知识,创造出新的教学方法。这种合作不仅提升了整体教学效果,还促进了创新能力的提升。在知识经济时代,教师之间的经验交流能够激发新的思维方式和教学策略,推动教育质量的提升。通过定期的学术研讨会、工作坊等形式,教师可以分享各自的教学经验和研究成果,从而形成一个良性的知识共享生态系统。

教师在团队中激励与支持同事的能力是营造积极合作氛围的核心要素。通过积极的反馈与认可,教师能够激励同事在各自的岗位上不断进步。同时,通过建立相互支持的文化,教师可以在面对挑战时获得团队的帮助与支持,从而增强团队的整体战斗力。这样的合作氛围不仅有助于个人的成长,也推动了整个团队的持续发展。

教师在创新项目中的主动参与是推动教育理念更新与实践探索的动力源泉。通过参与这些项目,教师可以将前沿的教育理论与实践相结合,探索新的教学模式和方法,增强教育的适应性与前瞻性。这种主动参与不仅提升了教师自身的专业能力,还推动了整个教育体系的创新。

二、教师考核的方式

定期与实时考核相结合的方式不仅能够全面评估教师的教学效果,还能满足教师个体的不同需求。通过定期评估,教育管理者可以系统地收集学生的反馈和学习成果,从而确保教师在教学过程中能够持续改进与提升。这种方法强调了教学效果的长期监控和反馈的重要性。

实时监测是教师考核中的重要环节。利用现代数据分析工具,对教师的科研活动进行实时跟踪,可以有效地了解教师的科研进展与成果。这不仅有助于及时发现问题,还能为教师提供必要的支持与资源,确保科研活动的顺利进行。这种实时监测的方式不仅提高了科研工作的效率,也鼓励教师在科研活动中不断创新,推动整体学术水平的提升。

动态考核机制的建立旨在根据教师在团队协作中的表现,适时调整考核标准。这种灵活的考核方式能够有效激励教师在工作中积极创新与合作。通过动态调整考核指标,教育管理者可以更好地鼓励教师之间的协作与知识共享,进而提升整体的教学与科研水平。

三、教师评价反馈与提升机制

(一)建立有效的反馈渠道

定期举行教师反馈会议能够有效促进教师与管理层之间的沟通与交流。这种机制不仅为教师表达意见和建议提供了正式的平台,还确保了这些意见能得到及时的回应。教师在这样的环境中,能够感受到被倾听和被重视,从而增强他们的工作积极性和对机构的归属感。

设立匿名反馈渠道能够鼓励教师自由表达对教学和管理的看法。匿名性降低了反馈的心理压力,使教师更愿意分享真实的想法和建议。这种方式不仅能够提升反馈的真实度,还能帮助管理层更准确地了解教师的需求和教学中的实际问题。

利用在线问卷和调查工具定期收集教师对教学效果、课程设置及管理政策的反馈,是现代高等教育管理中一种行之有效的做法。通过对收集到的数据进行分析,管理层可以更全面地掌握教师的教学状况和对现行政策的看法,从而为政策调整和教学改进提供科学依据。

建立教师反馈结果的公开机制,定期向全体教师通报反馈的汇总与改进措施,是增强透明度与信任感的重要手段。通过公开反馈结果,教师能够看到他们的意见被认真对待,并在政策或实践中得到体现。这种透明的反馈机制不仅提升了教师对管理层的信任,还能激励教师更加积极地参与反馈和改进过程。

设立教师发展支持小组,专门负责收集和分析教师反馈,制订相应的改进计划,确保反馈能够转化为实际的改进措施,是实现教师发展与机构进步的有效路径。支持小组的存在使教师的反馈不再只是停留在表面,而是能够深入分析并转化为具体的行动计划。

(二)促进教师自我反思与发展

1.写个人反思日志

在反思日志中,教师可以详细记录教学过程中遇到的问题,并探索可行的解决方案,从而在下一次教学中加以改进。通过这种方式,教师能够不断优化自己的教学方法,进而提升整体教学效果。

2.组织教师反思工作坊

通过参与反思工作坊,教师不仅能从同事的经验中获益,还能在讨论中发现自己教学实践中的不足之处。这样的互动和交流有助于教师在教学理念和方法上进行创新。此外,教师之间的相互支持和鼓励也能增强团队的凝聚力,促进共同成长。

3.实施同行评议机制

同行评议机制不仅帮助教师识别出教学中的改进空间和发展方向,还能促使其在教学过程中更加注重细节和效果。同行评议通过建立一种开放、信任的评价文化,激励教师在相互学习中不断提升自己的教学水平。

4.推动教师参与自我评估

自我评估不仅能使教师更加关注教学目标的实现程度,还能激发其内在的成长动力。通过自我评估,教师能够更加清晰地认识到自身的优势和不足,从而在未来的教学实践中有针对性地进行改进和提升。

5.引入专业发展导师制度

专业发展导师制度为教师提供了一对一的指导与支持,帮助其在职业发展过程中进行有效的自我反思与规划。专业发展导师通常由经验丰富的教育专家担任,因为他们能够为教师提供个性化的建议和指导。在导师的帮助下,教师可以更好地理解自身的职业发展途径,并制订切实可行的发展计划。

(三)构建持续改进的支持体系

一个完善的支持体系能够有效地回应教师在职业发展过程中的多样化需求,促进其在教学、科研和管理能力上的全面提升。为了实现这一目标,必须建立一个多层次、多渠道的支持网络,涵盖从政策导向到资源配置的各个方面。这不仅需要教育管理者的战略规划,还需要教师自身的积极参与,从而形成一个动态、互动的支持环境。

建立教师发展支持中心是构建持续改进支持体系的重要组成部分。该中心应致力于为教师提供专业指导和丰富的资源。通过系统化的支持,教师能够获得最新的教育理论、教学方法和科研技能的培训,进而推动其在职业生涯中的不断进步。此外,支持中心还应提供个性化的咨询服务,帮助教师制定切实可行的职业发展规划,确保其在不断变化的教育环境中保持竞争力。

实施定期的教师培训与发展评估是确保支持体系有效运作的核心环节。通过定期评估,可以准确识别教师在不同发展阶段的具体需求,从而调整培训内容以更好地匹配这些需求。这种动态调整机制不仅能够提高培训的针对性和有效性,还能激发教师的学习兴趣,促进其专业成长。

构建跨部门协作机制是支持体系成功的保障。通过整合教学、科研和管理资源,各部门能够形成合力,提供更全面的支持。这种协作机制有助于打破部门间的壁垒,实现资源的优化配置和共享,从而为教师提供更广阔的发展空间。同时,跨部门协作能够促进不同学科和领域之间的交流与合作,激发创新思维,提升教师的综合素质和适应能力。

设立教师发展基金是支持体系的重要经济保障。通过资助教师参与国内外学术交流与培训,教师能够拓宽国际视野,提升专业素养与创新能力。基金的使用应具备灵活性和透明度,以确保其能够真正用于教师的发展需求。通过有效的资金管理,教师发展基金可以成为教师职业生涯中的重要支持力量。

推广教师自我发展计划是增强教师自我驱动学习意识的有效途径。通过鼓励教师制定个性化的成长目标,教师能够在职业发展中保持主动性和积极性。这种自我导向的学习模式不仅能够提升教师的自主学习能力,还能激发其内在潜力,推动其在专业领域中的不断突破。

第四节　高等教育教师激励机制

一、教师激励机制的基本概念与作用

(一)多元激励机制的内涵

多元激励机制通过多种方式满足教师的不同需求,进而激发其教学和科研的积极性与创造性。多元激励不仅包括物质奖励,还包括精神层面的认可与支持。这样的激励方式能够增强教师的职业认同感和归属感,促进他们在教学质量上的不断提升。通过这种方式,教师能够在工作中找到成就感和满足感,从而更加投入地开展教育教学工作。

多元激励机制不仅在个体层面产生积极影响,还能在团队层面发挥重要作用。通过营造一个良好的工作氛围,教师之间的合作与交流得以加强,团队的凝聚力也随之提升。这样的环境有助于教师在相互支持与合作中共同进步,形成一个积极向上的教师团队。此外,多元激励机制还可以通过激励竞争与合作并存的模式,促使教师在学术和教学上的不断创新与突破。

通过多样化的激励措施,教师的留任率和职业满意度得以提升。特别是在高等教育领域,多元激励机制通过满足教师的多层次需求,使他们在职业生涯中感受到被重视和被支持,从而增强他们对学校的忠诚度和归属感。

透明的激励制度使教师对自身发展和晋升路线有清晰的认识,从而更加积极地参与学校的发展。这不仅有助于教师个人的职业发展,也为学校的长远发展奠定了坚实的基础。通过多元激励机制的有效实施,高等教育机构能够在激烈的竞争环境中保持竞争优势,吸引和留住优秀的教师资源。

(二)正向激励与教师动机提升

正向激励不仅能提升教师的工作动机,还能促进其在教学和科研领域的卓越追求。通过提供绩效奖金和奖励,学校可以有效地激励教师更加投入地进行教学和科研工作。这种物质激励措施不仅能够提高教师的工作满意度,还能促使他们在学术上追求更高的成就。

清晰的教师职业发展规划是正向激励的重要方面。通过明确晋升标准和机会,学校可以激发教师对自身发展的积极性与投入感。在教师职业发展规划的设计中应考虑教师的个体差异和多样化需求,提供多元化的发展机会和平台,帮助教师在不同的职业阶段实现自我提升。晋升机会的透明化和公平化不仅能够增强教师的职业安全感,还能激励他们在教学和科研工作中不断创新和突破,进而推动高等教育的整体质量提升。

教师表彰活动是增强教师成就感和归属感的重要手段。通过定期的表彰活动,学校可以认可和奖励那些在教学、科研或服务方面表现突出的教师。这种形式的正向激励不仅能够提升被表彰教师的自我价值感,还能增强团队的凝聚力和向心力。

提供专业发展资金支持是激励教师持续学习与成长的有效方式。通过资助教师参加培训、学术交流和研讨会,学校可以提升教师的专业能力和学术水平。这种投资不仅能够增强教师的教学和科研能力,还能激励他们在职业生涯中不断追求卓越。

营造积极的校园文化氛围是提升教师整体工作热情的重要因素。积极的校园文化不仅能够提升教师的工作满意度,还能促进他们之间的协作与创新。例如,通过团队建设和合作项目,学校可以增强教师之间的互动与支持,形成良好的工作氛围。

二、教师职业发展与激励机制的结合

(一)激励机制在职业发展规划中的应用

通过将激励机制与教师的职业发展目标相结合,可以帮助教师制订清晰的职业成长规划。这种结合不仅能增强教师的职业认同感和目标感,还能激励他们在学术和教学上不断追求卓越。

在教师职业发展的过程中,激励机制的定期评估显得尤为重要。通过定期评估教师的职业发展进展,教育管理者可以及时调整激励措施,以确保这些措施与教师的实际需求和发展阶段相匹配。此外,定期评估还可以帮助识别和解决教师在职业发展中遇到的问题,从而为其提供更有针对性的支持。

激励机制还可以通过提供职业发展培训和资源支持,帮助教师提升专业技能。通过系统的职业发展培训,教师能够掌握最新的教育理论和教学方法,从而更好地满足教育的需求。丰富的资源支持能够为教师提供必要的学术和技术支持,使其在职业发展中更加游刃有余。

建立教师参与决策的激励机制也是职业发展规划中的一个关键环节。通过让教师在职业发展规划中表达意见和建议,可以增强他们对学校管理的参与感和归属感。这种参与不仅可以提高教师的职业满意度,还可以促进教育管理的民主化和透明化。通过参与决策,教师可以更好地理解学校的战略目标和发展方向,从而在职业发展中更具有主动性和创造性。

(二)通过奖励与认可促进教学创新

1.设立教师创新奖励机制

通过设立创新教学奖项,高校可以鼓励教师在教学方法和课程设计上进行大胆尝试与创新。这不仅能够激发教师的创造力,还能为教育体系注入新的活力。设立奖励机制时,需要结合学校的具体情况,明确奖励标准和评选流程,以确保其公平性和激励效果。

2.定期举办教学创新成果展示会

通过展示会,教师可以交流各自的创新成果,分享成功经验和遇到的挑战,从而在集体讨论中获得新的灵感和改进建议。这样的交流不仅有助于教师个人的专业成长,也能在更大范围内推动教育创新的氛围,形成良好的学术生态。

3.设立教师教学创新基金

基金的设立不仅是对教师创新努力的肯定,也是对教育质量提升的长期投资。这样的基金为教师提供必要的资源与资金,使他们能够专注于开发具有创新性的教学项目。例如,利用教学创新基金,可以购买教学设备、开发新课程或进行相关的研究活动。通过这样的支持,教师能够更好地实现其创新构想,并在实践中验证其有效性。

4.开展教师评优活动

教师评优活动通过表彰在教学创新方面表现突出的教师,能够增强教师的职业成就感与归属感。这种表彰不仅是对教师个人努力的认可,也是对其他教师的激励。通过树立榜样,高校可以激励更多教师参与创新活动,形成一个积极向上的教育创新氛围。

5.建立教师教学创新反馈机制

通过定期收集教师和学生对创新教学实践的反馈,教师可以了解其创新实践的实际效果和存在的问题。这样的反馈机制不仅有助于教师自身的教学改进,也为学校管理层提供了重要的决策依据。通过对反馈信息的分析,教师可以不断优化教学创新的策略与方法。

(三)激励措施对科研投入的有效支持

1.建立科研项目资助机制

资助机制的建立不仅能够缓解教师在科研过程中面临的资金压力,还能够激发他们探索新领域的兴趣和动力。在此基础上,教师能够更加专注于科研活动,推动知识的创新与进步。

2.设立科研成果奖励制度

通过对在科研领域取得突出成绩的教师给予物质和精神上的奖励,可以有效地增强他们的成就感和归属感。在奖励制度的推动下,教师们会更加努力地投入到科研工作中,力求在学术界取得更大的突破。这种奖励不仅是物质上的激励,也是对教师学术贡献的肯定和认可。

3.鼓励教师参与跨学科研究

通过提供资源和平台支持,高校可以促进多学科合作,打破学科壁垒,拓宽研究视野。在跨学科研究中,教师们可以借鉴其他学科的理论和方法,形成新的研究思路和创新成果。这样的合作不仅有助于提升科研的深度和广度,还能培养教师的团队协作能力和综合素质。

4.提供科研培训与能力提升课程

通过系统的培训课程,教师们可以掌握现代科研方法与技术,熟悉最新的科研工具和手段。这些培训不仅能够提高教师的科研能力,还能提升他们对科研工作的理解和认识,从而更有效地开展科学研究。同时,能力提升课程也为教师提供了一个互相交流和学习的平台,促进了教师之间的学术交流与合作。

5.建立科研成果转化支持体系

通过鼓励教师将研究成果用于实践,可以实现科研成果的社会化和市场化,从而发挥更大的社会效益。科研成果转化支持体系的建立需要高校、政府和企业的共同参与。这种合作模式不仅能够提高科研成果的实际应用价值,还能增强教师的社会责任感和影响力。

三、教师激励效果的评估与反馈

(一)激励效果的定量与定性分析

激励措施的实施效果可以通过教师满意度调查进行定量分析。这种定量分析能够为管理者提供具体的数据支持,以便更好地理解激励措施的有效性。此外,通过对教师教学质量和科研产出的量化指标进行跟踪,可以分析激励措施对教师工作表现的影响。例如,可以将教学评估分数和发表论文数量的变化作为衡量教师在激励机制下表现的客观标准。这些数据不仅可以反映出激励措施的直接效果,还可以为未来的激励政策调整提供依据。

定性分析同样不可或缺。通过访谈和焦点小组讨论,可以深入了解教师的感受和对激励措施的看法。这些定性数据能够揭示出教师在激励机制下的真实体验和潜在问题。教师的反馈与建议为管理者提供了宝贵的第一手信息,使他们能够更好地调整和完善激励措施。通过这种方式,管理者不仅能够识别出现有激励机制的优缺点,还可以探索出更有效的激励策略,从而提升教师的工作满意度和积极性。

评估激励措施对教师职业发展的影响也是分析激励效果的重要方面。通过观察教师晋升率和职业发展途径的变化,可以分析激励措施在促进职业成长方面的有效性。这些变化不仅反映了激励机制对教师个人职业发展的支持力度,也体现了其对整个教育机构人才培养战略的贡献。

教师流失率是衡量一个教育机构吸引和留住优秀人才能力的重要指标。有效的激励机制应当能够显著降低教师流失率,增强教师的归属感和忠诚度。通过对这些指标的持续监测,管理者可以及时发现问题并采取相应措施,以确保激励机制的持续改进和优化。

(二)激励机制实施后的行为变化

在高等教育领域,教师激励机制的实施对教师行为产生了深远的影响。这种变化不仅体现在教师个体的工作态度上,还体现在整个教学团队的合作模式上。在激励机制的推动下,教师的工作积极性显著提升。他们更加主动地参与教学活动,表现出对教育质量提升的高度关注。这种积极性在很大程度上源于激励机制带来的内在驱动力。

随着激励机制的实施,教师在教学方法上展现出更多的创新精神。他们尝试采用多样化的教学策略,以提高学生的学习兴趣和参与度。这种教学创新不仅丰富了课堂教学的形式,也在一定程度上提升了教学效果。在多样化教学策略的应用过程中,教师们不断反思和调整自己的教学方法,以适应学生的不同需求和学习风格。这种教学方法的创新不仅是对教师个人能力的提升,也是对整个教育体系的一种积极推动。

激励机制还促进了教师之间的合作与交流。在这种环境下,教师们通过分享教学经验和教育资源,实现了知识的共享与传递。这种合作不仅有助于提高教学质量,还为教师们提供了一个互相学习的平台,推动了教师专业素养的整体提升。通过团队合作,教师们能够更好地应对教学中的挑战,共同探讨解决方案,从而形成一种良性循环的教学生态。

激励机制的实施也提高了教师对职业发展的关注度。教师们开始更加积极地参与职业培训和专业发展活动,以提升自身能力和竞争力。这种对职业发展的重视不仅体现在教师个人的职业规划中,也体现在教师对教育事业的长期投入和承诺上。通过不断的学习和进修,教师们能够及时更新自己的知识储备和技能。

教师的科研产出也在激励机制的推动下显著增加。教师们发表了更多的学术论文,并积极申请科研项目,推动学术成果的转化与应用。这种科研产出的增加不仅提升了教师个人的学术声誉,也为学校的科研实力提供了有力支持。

第六章 高等教育教师队伍建设

第一节 高等教育师资队伍概述

一、高等教育教师的职责

(一)平衡教学和科研

科研活动应与教学内容相结合。教师在科研过程中积累的知识和经验,可以通过课堂教学传递给学生,以使学生能够接触到学科的最新进展和应用实例。这种结合不仅提高了教学的实际应用性,还能激发学生的创新思维和探索精神。教师在科研中获得的成就感和学术自信,也能被转化为教学中的动力和热情,进一步提升教学效果。

教师在教学与科研之间应建立有效的时间管理机制,确保二者的协调发展。合理的时间管理可以帮助教师在繁忙的工作中保持高效,确保教学和科研的质量并重。教师可以通过制订详细的工作计划,设定明确的目标和优先级,来提高工作效率。同时,学校和学院应提供相应的支持和资源,帮助教师在教学和科研之间找到平衡,减少不必要的压力。

跨学科研究能够打破学科之间的壁垒,促进知识的交叉和融合,为教师提供新的视角和方法。这种多样化的教学视野可以帮助教师设计出更加丰富和多元的课程内容,培养学生的批判性思维和创新能力。同时,跨学科的研究项目为教师提供了更多的学术交流和合作机会,提升其学术影响力和职业发展空间。

(二)指导与支持学生

高等教育教师应为学生提供个性化的学术指导,帮助他们设计学习计划和职业发展目标。这种指导不仅有助于增强学生的自主学习能力,还能激发他们的学习兴趣和动力。

教师应定期与学生进行一对一的交流,了解他们的学习进展和心理状态。这种定期的互动可以帮助教师及时发现学生在学习过程中遇到的困难和挑战,并提供相应的支持和建议。此外,这种交流也有助于建立师生之间的信任和理解,为学生创造一个支持性的学习环境。

教师还应积极组织和参与课外活动,如学术讲座、研讨会和实践项目。这些活动不仅可以拓宽学生的视野,还能增强他们的实践能力和团队合作精神。在参与这些活动的过程中,学生能够将理论知识用于实际问题,培养解决问题的能力。同时,团队合作精神的培养也有助于学生在未来的工作环境中更好地适应和发展。

教师应利用在线学习平台和社交媒体等现代科技手段,提供多样化的学习资源和支持。这些工具不仅可以帮助学生在学习上克服困难,还可以提升他们的学习效果。

(三)追求专业发展

高等教育教师应主动参与各种专业发展培训,以提升其教学与科研能力。通过不断更新自身的专业知识,教师不仅能够提高教学质量,还能在学术研究中取得更大的成就。教师的专业发展直接影响教育质量的提升和学生的全面发展。因此,教师应在职业生涯的各个阶段积极参与专业发展活动,以应对教育环境的变化和挑战。

教师个人学习网络的建立是促进其专业发展的重要途径。例如,通过参与学术会议、研讨会和在线课程,教师能够持续获取新知和最佳实践,丰富其教学和科研能力。教师应充分利用这些机会,拓宽其学术视野,提升其在专业领域的影响力。

二、高等教育教师队伍的结构

高等教育教师队伍的构成应包括不同层次的教育背景,如博士、硕士及行业专家。这种多层次的教育背景可以丰富教学内容和视角,为学生提供更加全面的知识体系。博士学位的教师通常具备较强的研究能力,能够引导学生进行深入的学术探讨;硕士学位的教师可能在教学实践上更有经验,能够提供更多实践指导;行业专家能为学生带来最新的行业动态和实战经验。这种多层次的教师结构不仅提升了教学质量,也有助于学生在学术和职业发展上获得更多的指导和支持。

跨学科的教师团队能够促进知识的交叉融合,为学生提供更全面的学习体验。通过跨学科合作,教师可以将不同学科的知识和方法论结合在一起,设计出更加创新和综合的课程。这种跨学科的教学方式不仅有助于学生掌握多领域的知识,还能培养他们的创新能力和批判性思维,使他们在面对复杂的现实问题时,能够从多个角度进行分析和解决。

三、高等教育教师队伍建设的意义与目标

(一)提升教育质量与教学水平

高等教育教师队伍建设能够促进教学内容的及时更新,并且使课程更符合当代社会和学生的实际需求。通过不断更新的课程内容,学生能够接触到最新的知识和技能,从而更好地适应未来的职业挑战。教师的专业发展与培训是提升教学能力和科研水平的关键。通过系统化的培训计划,教师能够掌握最新的教学方法和科研动态,从而提高整体教育质量。

高校在教师队伍建设中还应通过鼓励教师开展跨学科合作,促进知识的交叉融合,提升课程的深度与广度。跨学科合作不仅能够拓宽教师的视野,还能为学生提供多元化的学习体验,培养学生的综合素质和创新能力。高等教育教师的职业发展支持体系是激励教师在教学创新和学生指导方面不断追求卓越的重要保障。通过提供职业发展机会和资源,教师能够在教学实践中不断探索新的教学模式和方法,从而提升教育水平。

(二)增强教师职业满意度与稳定性

职业满意度不仅影响教师自身的工作表现,还对学生的学习效果和整个教育机构的氛围产生深远影响。因此,构建一个有利于教师职业发展的环境显得尤为重要。通过建立良好的工作环境与支持体系,能够有效提升教师的工作满意度和归属感。一个支持性的工作环境不仅包括物质条件的改善,还包括人际关系的和谐与行政支持的有效性。教师在这样的环境中,能够感受到来自同事和管理层的支持,从而在工作中展现出更高的积极性和创造力。

在增强教师职业满意度与稳定性方面,提供职业发展与晋升机会也是不可或缺的。教师在职业生涯中有不断发展的需求,而只有通过持续的职业发展与晋升机会,教师才能不断提升自身的能力与专业水平。这不仅有助于教师个人的成长,也为教育机构的发展带来了新的活力。

公平公正的薪酬体系是确保教师职业稳定性的基础。设计一个合理的薪酬

体系时,不仅要考虑教师的工作量和工作质量,还应考虑市场的变化和同行业的薪酬水平。通过实施透明、公正的薪酬政策,教育机构能够增强教师的职业稳定性,减少因薪酬问题导致的人才流失,从而维持教学团队的稳定性和持续性。

为了提高教师的工作积极性,鼓励其参与决策过程是必不可少的。教师在教学与管理中拥有话语权,不仅能增强其对工作的投入度,还能提升其对教育机构的认同感。通过建立有效的沟通渠道和参与机制,教育机构可以确保教师的意见和建议在决策过程中得到充分的考虑和重视。这种参与感使教师在面对教学和管理挑战时,更愿意承担责任并积极寻找解决方案,从而为教育机构的长远发展贡献力量。

定期开展教师心理健康与职业发展培训是提升教师职业幸福感的重要手段。在高等教育环境中,教师常常面临着繁重的教学任务和科研压力,这些都可能对其心理健康产生负面影响。通过提供专业的心理健康支持和职业发展培训,教育机构能够帮助教师有效应对工作压力,提高其心理韧性和职业幸福感。这不仅有助于教师个人的健康和幸福,也为教育机构的可持续发展奠定了坚实的基础。

(三)推动教育创新发展

1.创新教学方法与评估机制

鼓励教师采用多样化的教学手段和评价方式,可以有效激发学生的学习兴趣和主动性,提升教学效果。通过引入互动式、探究式等新型教学方法,教师能够更好地调动学生的积极性,培养他们的批判性思维和创新能力。同时,评估机制的创新有助于全面反映学生的学习成果和潜力,促进教学相长和教育质量的提升。

2.加强高校与企业的合作

通过校企联动,高校可以为学生提供实践项目和实习机会,以使学生获得实际经验,提升其就业竞争力。这种合作不仅能为学生提供真实的工作场景和实践机会,还能帮助教师了解行业需求,调整教学内容,提高课程的实用性和针对性。

3.鼓励教师参与教育政策的制定与实施

通过教师的反馈和建议,推动教育体制的优化,增强教育的适应性。教师的经验和建议对政策制定具有重要的参考价值。因此,应建立畅通的沟通渠道,鼓励教师积极参与政策讨论和决策过程,以确保教育措施的科学性和可行性。

4.推动在线教育和混合式学习的普及

在线教育和混合式学习不仅能够拓宽教育的覆盖面和灵活性,使更多学生受益于优质教育资源,还能为教师提供更多的教学工具和资源,提升教学效果。在线教育和混合式学习的普及有助于打破时空限制,实现教育资源的共享和优化配置,为教育公平和质量的提升提供新的途径。

第二节　教师专业素质提升

一、教育教学能力的提升

(一)现代教学技术的应用与整合

现代教学技术不仅改变了传统的教学方式,还为教育工作者提供了新的教学视角和方法。通过这些技术,教师可以创建更加生动和动态的学习环境,使学生能够更好地理解和掌握知识。尤其是在鼓励学生自主学习和探索方面,现代技术提供了前所未有的支持。

教师应掌握现代教学技术的整合技巧,将其有效用于课程设计中,以实现教学目标并满足学生的个性化学习需求。整合现代技术不仅是对教师技术能力的考验,也是对其教学设计能力的提升。教师需要根据课程内容和学生特点,选择适合的技术工具,并将其有机地融入教学过程中。这不仅需要教师具备一定的技术操作能力,还需要他们具备较强的教学设计能力,以便在技术与教学内容之间找到最佳的结合点,从而实现教学效果的最大化。

通过数据分析工具,教师可以实时监测学生的学习进度与效果,及时调整教学策略和内容,确保教学的针对性和有效性。数据分析工具的使用使教师能够更直观地了解学生的学习情况,并且根据数据分析结果,调整教学内容和方法,提供更具有针对性的指导和支持。这种动态调整的教学方式不仅提高了教学的效率,也有助于学生的个性化发展和学习效果的提升。

(二)教学方法的多样化与创新

1.采用翻转课堂模式

翻转课堂模式要求学生在课前通过视频、文献等资源初步掌握知识要点;在课堂上,教师组织学生进行讨论和互动,深化对知识的理解。这种模式不仅提升了学生的主动学习能力,还增强了课堂的参与度和互动性。学生在课前的自主学习为课堂上的深入讨论奠定了基础,使课堂成为知识应用和技能提升的场所。翻转课堂的实施需要教师具备较强的课程设计能力和课堂管理能力,以确保教学目标的实现。

2.开展项目导向学习

通过让学生参与真实项目,教师能够增强学生的实践能力和团队合作精神。在项目导向学习中,学生不仅要掌握理论知识,还需要将其用于实际问题的解决。这种学习方式促进了知识的应用与创新。教师在实施项目导向学习时,需要设计具有挑战性的项目任务,并提供必要的指导和支持,以帮助学生在项目中取得成功。

3.组织小组合作学习

通过小组合作学习,教师可以培养学生的沟通能力和批判性思维。学生在合作中互相学习,不仅能够加深对知识的理解,还能提升团队协作能力。在小组合作学习中,教师需要合理分配小组任务,并引导学生进行有效的合作与交流。通过合作学习,学生能够在互助中提高学习效果,发展多方面的能力。

(三)课堂管理与互动技能提升

有效的课堂管理策略是确保教学活动顺利进行的基础。清晰的课堂规则和期望不仅有助于维护课堂秩序,还能显著提升学生的学习效率。教师通过明确的规则,使学生了解课堂行为的边界和学习目标,从而创造一个有助于学习的环境。此外,课堂管理策略还包括对学生行为的适时调整,以确保每位学生都能在一个积极的学习氛围中成长。

积极的反馈和表扬是激励学生参与课堂互动的重要手段。通过对学生在课堂上的表现给予及时且建设性的反馈,教师可以增强学生的自信心和学习动机。这种积极的互动能够增强学生的自我效能感,使他们在学习过程中更加积极。教师在反馈时应注重具体性和针对性,以帮助学生明确自身的优势和需要改进的地方,从而实现更有效的学习。

教师在课堂上应灵活运用多种互动技巧,如提问、讨论和小组活动,以促进学生之间的交流与合作。这些互动技巧不仅能提升课堂的活跃度,还能培养学生的批判性思维和团队协作能力。在这些互动过程中,教师的角色是引导者和促进者,以帮助学生在交流中激发灵感,深化理解。

利用技术工具是提升课堂互动效果的现代方法。在线投票和实时反馈系统等可以帮助教师即时获取学生的理解情况,并根据反馈及时调整教学内容和方法。这种技术的应用不仅提高了课堂的互动性,还确保了教学的有效性。通过实时数据分析,教师能够更准确地把握学生的学习进度,针对性地设计后续教学活动,以满足不同学生的学习需求,最终实现个性化教学的目标。

(四)评估与反馈能力的优化

建立科学的评估标准至关重要,因为这不仅能确保评估过程的客观性和公正性,还能帮助教师清晰了解自己的教学效果与不足之处。制定科学的评估标准时应综合考虑教学内容的难易程度、学生的接受能力以及教学目标的达成度,从而为教师提供明确的指导方针。通过这种方式,教师能够更精准地调整教学策略,提升教学的有效性和针对性。

定期实施多元化的反馈机制是优化评估与反馈能力的重要策略。它包括自我评估、同行评审和学生反馈在内的多元化反馈机制。自我评估让教师反思自己的教学实践,发现潜在问题;同行评审提供了专业的视角和建议;学生反馈直接反映了教学的实际效果和学生的需求。结合这些反馈,教师可以进行全方位的教学改进,确保教学活动的高效性和适应性。

现代教育技术的发展为评估与反馈能力的优化提供了新的工具。利用数据分析工具,教师可以实时监测学生的学习进度与成果,从而及时提供个性化的指导和支持。这种基于数据的分析不仅提高了教学的针对性,也使教师能够更好地理解学生的学习行为和需求。通过数据驱动的教学决策,教师可以在教学过程中做出快速反应,调整教学内容和方法。

此外,开展评估结果的分享与讨论会议,可以促进教师之间的经验交流与学习。这种分享与讨论不仅有助于教师了解他人的教学方法和策略,还能激发创新和改进的灵感。通过集体智慧的碰撞,教师可以发现更多优化教学的方法,并将其用于实际教学中。这种持续的交流与学习推动了教学方法和策略的不断改进,并为高等教育的质量提升贡献了力量。

二、科研创新能力提升

(一)科研项目规划与管理能力

科研项目规划与管理能力不仅要求教师具备系统的项目设计思维,还要掌握从项目立项到结题的全过程管理。教师应熟悉科研项目的生命周期,能够合理安排项目的各个阶段,确保项目按计划推进。有效的项目管理能够提高科研效率,减少资源浪费,并提高科研成果的产出质量。教师需要通过不断的学习与实践,提升自身在项目管理中的决策能力和组织协调能力。

选择合适的科研项目选题是科研成功的关键之一。教师在选题时,应综合考虑学术价值与市场需求的结合,以确保项目的创新性和实用性。教师还需要具备敏锐的洞察力,能够识别潜在的研究机会,并通过合理的选题策略,提升科研项目的竞争力和影响力。市场需求的分析是选题过程中的重要环节,它能够帮助教师明确研究的方向和目标。

科研团队的组建与成员角色分配直接影响项目的执行效率和成果质量。一个高效的科研团队需要多样化的专业背景和技能互补的成员。教师在组建团队时,应根据项目需求选择合适的成员,并明确每个成员的角色和职责。合理的角色分配可以提高团队成员的积极性和创造力。教师作为团队的领导者,应具备良好的沟通能力和协调能力,以确保团队成员之间的良好互动和协作。

科研项目的成功实施离不开充足的资金支持。教师在进行预算编制时,应详细规划项目各阶段的资金需求,确保预算的合理性和可行性。在资金申请中,教师需要了解各类资助机构的申请流程和评审标准,掌握撰写高质量申请书的技巧。一个清晰、合理的预算方案和申请书能显著提高资金申请的成功率。教师还要具备灵活调整预算的能力,以应对项目实施过程中可能出现的变化。

科研项目的顺利推进离不开对进度的有效监控和灵活调整机制。教师应建立科学的进度监控体系,定期评估项目的执行情况,及时发现和解决问题。进度监控需要结合项目的关键节点和目标,以确保在既定的时间框架内完成项目。教师还应具备调整项目计划的能力,以应对不可预见的因素和挑战。灵活的调整机制能够帮助项目在保持质量的前提下,适应环境的变化,确保科研目标的实现。

科研成果的传播与应用推广是科研创新的重要环节。教师在完成项目后,应积极探索成果的传播途径和应用领域,以扩大科研成果的影响力。传播策略包括学术论文发表、专利申请、技术转让等多种形式。教师需要具备良好的沟通能力和市场推广意识,能够将科研成果有效转化为社会生产力。通过与企业、政府和其他科研机构的合作,教师可以促进科研成果的实际应用,实现科研价值的最大化。

(二)跨领域科研合作能力

在知识经济时代,跨领域合作的优势不仅在于能够整合多元化的知识和技术资源,还在于能够提升团队的创新能力和竞争力,推动科研成果的转化和应用,为社会发展提供新的动力和支持。

在跨领域科研合作中,建立有效的跨学科沟通与协作机制是成功的关键。沟通机制的建立需要考虑不同学科的语言、文化和价值观的差异,确保信息的准确传递和理解。在协作机制中,需要明确各成员的角色与职责,制定清晰的合作目标,促进团队成员之间的相互信任和协作。通过定期的交流与反馈,团队能够及时调整研究方向和策略,提高科研效率和成果质量,最终实现合作的预期目标。

多元化团队的建设是跨领域科研合作的基础。团队成员来自不同学科背景,他们的角色与贡献各不相同。科学家、工程师、社会学家等在团队中分别承担着不同的任务,发挥着各自的专业特长。通过协同工作,他们能够将各自的知识和技能融入共同的研究项目中,形成综合性的解决方案。

管理与协调是跨领域科研项目成功的保障。项目管理者需要制订详细的计划,这包括研究目标、时间节点、资源配置等。协调策略需要平衡各学科的需求与贡献,促进成员之间的协作与沟通。通过有效的管理与协调,能够确保项目按计划推进,及时解决出现的问题,优化资源利用,提高项目的整体效率和质量。

在跨领域科研合作中,科研成果的整合与共享是实现知识扩散和应用的重要途径。建立科研成果的整合与共享平台,可以促进不同学科间的知识交流与互补,提升科研成果的影响力和价值。共享平台不仅能够提供高效的信息存储与检索服务,还能为科研人员提供合作交流的机会,促进科研成果的转化与应用。

(三)科研成果转化与应用能力

教师在科研活动中不仅需要产生创新性的研究成果,还需要具备将这些成果转化为实际应用的能力。这种能力的提升不仅能够促进科研成果的社会价值实现,还能推动学术研究与产业发展的深度融合。科研成果的转化过程涉及从实验室到市场的多步骤转移,这需要教师具备对科研成果进行商业化思考的能力,以及对市场需求的敏锐洞察力。通过有效的转化与应用,教师能够在学术界和产业界之间架起桥梁,推动创新型经济的发展。

教师需要深入了解市场动态和行业趋势,以便准确定位科研成果的应用场景和潜在客户群体。市场需求分析不仅包括对当前市场的供需状况的调查,还包括对未来市场潜力的预测。这要求教师应具备一定的市场分析能力和商业敏感度,能够识别出科研成果在不同市场中的竞争优势和独特价值。通过精准的市场定位,教师可以有效地将科研成果推向市场,实现科研价值的最大化。

教师应积极与政府、企业、科研机构等多方合作,形成合力,共同推动科研成果的转化与应用。通过多方合作,教师可以获得更多的资源支持和市场渠道,增强科研成果的推广力度。此外,多方合作还可以为科研成果的进一步研发和应用提供新的思路和方向,促进科研成果在更大范围内的应用与推广。

教师需要根据科研成果的特点和市场需求,探索多样化的商业化途径,如技术许可、合作开发、企业孵化等。同时,教师需灵活运用各种商业模式,以实现科研成果的高效转化。通过合理的商业化途径与模式选择,教师可以加速科研成果的市场化进程,提高科研成果的商业价值和社会效益。

三、社会服务能力提升

(一)教师社区参与及联动机制

通过建立激励机制,鼓励教师积极参与社区服务,能够有效提升他们的社会责任感和服务意识。通过表彰教师在社区服务中的贡献,不仅能够增强教师的参与热情,还能树立优秀教师的榜样作用,激励更多教师投入到社区服务中去。这种机制的建立需要教育管理部门与社区组织的密切合作,以确保奖励措施的公平性和有效性。

构建多方协作平台是促进教师、学生和社区之间互动与合作的重要手段。通过这个平台,教师可以与学生一起参与社区活动,形成一个共同参与的良好氛围。这种协作不仅能够增强教师与学生的联系,还能促进学生在实践中学习和成长。教师在这一过程中,通过引导学生参与社区服务,帮助他们将理论知识用于实际问题的解决,进而提高学生的社会责任感和实践能力。

定期组织社区服务活动是提升教师社会服务能力的重要方式。这些活动不仅为教师提供了展示和提升自身能力的平台,还为学生提供了参与社会实践的机会。在活动中,教师可以带领学生参与社区服务,增强他们的社会责任感与服务意识。这种实践活动的组织需要教育机构与社区的紧密合作,以确保活动的顺利进行和预期效果的实现。通过这些活动,教师和学生能够在实际服务中提升自身的社会服务能力和意识。

建立教师社区服务成果的评估体系是确保教师服务能力与质量提升的有效手段。通过科学的评估体系,教育管理部门可以对教师的社区服务成果进行全面的反馈和评估。这一体系的建立不仅有助于发现教师在服务过程中的不足,还有助于为他们提供改进的方向和建议。通过不断的反馈和评估,教师能够在实践中不断提升自身的服务能力与质量,进而为社区的发展做出更大的贡献。

推动教师与社区组织的合作是提升社区整体素质与发展水平的重要途径。通过与社区组织的合作,教师可以开展专业培训和知识分享,帮助社区成员提升自身素质。这种合作不仅能够提高社区的整体发展水平,还能为教师提供一个展示和提升自身专业能力的平台。在合作过程中,教师可以通过分享自己的专业知识和经验,帮助社区成员解决实际问题,进而提升整个社区的素质与发展水平。

(二)校企合作与行业服务能力

校企合作与行业服务能力的建设为教师提供了一个将理论与实践相结合的平台。建立校企合作机制是提升教育质量和学生就业竞争力的关键步骤。通过这种合作,高等教育机构与企业之间可以实现资源共享与信息交流。这不仅有助于教师获取最新的行业动态和技术进展,还能使学生在学习过程中接触到真实的商业环境,从而提高他们的实践能力和职业素养。

设计与行业需求相结合的课程体系是确保教育与市场实际需求对接的重要手段。在课程设计中,教师需要深入了解行业发展趋势和企业用人标准,以此为基础调整教学内容和教学方法。这种课程体系的设计不仅增强了学生的实践能力,还提升了他们的职业素养,使其在毕业后能够迅速适应职场环境。通过这种方式,高等教育机构可以更好地服务于社会发展需求,培养出符合市场要求的高素质人才。

开展实习与实践项目是增强学生实践经验的重要途径。通过校企合作,高等教育机构可以为学生提供更多的实习机会和职业发展平台。这种实习与实践项目不仅为学生提供了宝贵的工作经验,也为教师提供了观察和了解行业运作的机会。教师可以通过参与这些项目,提升自身的实践教学能力,并将其用于教学过程中,进一步提高教学质量和学生的学习效果。

行业专家讲座与研讨会是促进学术界与实践界深入交流与合作的有效方法。邀请企业代表与教师共同参与这些活动,可以为教师提供与行业专家直接对话的机会,帮助他们了解行业的最新发展和需求。这种互动不仅有助于教师更新自己的知识结构,还能为他们的教学和科研工作提供新的思路和灵感。同时,学生能从中受益,拓宽视野,增强对未来职业发展的认识。

建立校企联合研发项目是鼓励教师与企业共同开展科研活动的重要举措。这种合作不仅推动了科研成果的应用与转化,还提高了教师的社会服务能力。通过与企业的合作,教师可以获得更多的研究资源和实践机会,从而提升科研水平。同时,企业也能从中受益,获得创新的解决方案和技术支持。

(三)公益服务和社会责任感的提升

教师不仅是知识的传授者,也是社会责任感的践行者。通过积极参与社区服务项目,教师可以在实践中提升自身的社会责任感与服务意识。这不仅有助于教师个人的专业素质提升,也能为社会发展贡献力量。教师在参与志愿活动的过程中,可以更好地理解社会需求,进而将这些经验带入教学中,使学生感受到真实的社会问题与挑战。

建立有效的教师与社区互动机制是提升教师社会服务能力的关键。通过鼓励教师在社区内开展公益活动,可以有效促进社会问题的解决。这种互动机制不仅为教师提供了一个实践的平台,也为社区带来了新鲜的教育资源和理念。教师在社区活动中,能够将教学与社会服务结合,探索新的教学方法,进而推动教育与社会的共同进步。这样的互动机制还能为教师提供一个反馈渠道,使其在教学中更加符合实际情况,满足社会的多样化需求。

教师在教学中融入社会服务内容是培养学生社会责任感的重要途径。通过在课程中引入社会服务项目,教师可以引导学生关注社会问题,培养其社会责任感与服务意识。这种教学方法不仅丰富了课程内容,也使学生在学习过程中获得了实践经验。教师在课堂上通过案例分析等方式,使学生能够更好地理解社会现象,激发其参与社会服务的热情。同时,这为学生提供了一个锻炼和展示自我的平台,使其在未来的职业生涯中更具有竞争力。

组织教师参与公益项目不仅能够提升学校的社会形象与影响力,还能增强师生的归属感与责任感。通过参与各类公益活动,教师和学生能在实践中体会到团队合作的重要性。这种集体活动不仅促进了师生之间的沟通与理解,也增强了学校的凝聚力。教师在公益项目中所展现的专业素养和社会责任感,能够树立良好的榜样作用,激励学生积极参与社会事务,为学校赢得良好的社会声誉。

鼓励教师与非营利组织合作,开展社会服务研究项目,是促进学术研究与社会需求结合的重要举措。通过与非营利组织的合作,教师可以获取第一手的社会需求信息,为其研究提供丰富的素材。这种合作不仅能提升教师的科研能力,也能为社会提供切实可行的解决方案。教师在研究过程中,通过与社会各界的交流与合作,能够更好地理解社会问题的复杂性,进而在教学中传授更加全面和深入的知识,培养具有社会责任感的高素质人才。

四、国际化视野与多元文化交流能力培养

(一)加强对国际化教育资源的利用

1.建立国际合作网络

高等教育机构应积极建立国际合作网络,推动学术交流与资源共享,从而拓宽教师的国际化视野。这不仅能丰富教师的学术经验,还能为他们提供更广阔的研究视角。通过与国外高校及研究机构的合作,教师可以接触到最新的研究动态和教育理念,进而提升其教学和科研能力。此外,国际合作网络的建立还能够促进教师之间的多元文化交流,使他们更好地理解和适应不同文化背景下的教育需求与挑战。

2.引入全球优质教育资源

高等教育机构应积极引进国际一流的课程、教材以及在线学习平台,确保教学内容的前沿性与多样性。通过这些国际化资源的引入,教师能够在教学中融入全球视野,帮助学生更好地理解国际社会的多元文化和复杂性。同时,这些资源的利用也能激发教师的教学创新能力,使其能够设计出更具有吸引力和实效性的课程内容,从而提升教育质量和学生的学习效果。

3.鼓励教师参与国际学术会议与研究项目

通过参与国际会议,教师能够与全球同行进行深入交流,分享研究成果和教

学经验。这不仅有助于教师了解学科发展的最新动态,还能为其提供宝贵的合作机会。此外,参与国际研究项目能够帮助教师提升其科研能力和国际合作水平,为高等教育机构的国际化发展贡献力量。这种国际化参与不仅对教师个人发展有益,也能促进整个教育机构的学术声誉和影响力的提升。

4.创建教师国际化培训项目

在多元文化环境中,教师需要具备良好的文化沟通能力,以应对不同文化背景学生的需求。通过系统的国际化培训,教师可以提升其语言能力和文化敏感性,从而在多元文化课堂中更有效地传递知识和技能。这种培训项目通常包括语言学习、文化交流技巧及国际教育趋势的学习,以帮助教师在全球化背景下更好地开展教学工作。

(二)提升多元文化沟通与交流技能

跨文化沟通技能的提升不仅有助于教师更好地理解和尊重不同文化背景的学生,也有助于促进课堂内外的文化交流与理解。教师在教学过程中,面对来自不同文化背景的学生时,常常需要运用文化沟通技巧,确保教学内容的有效传递和学生的积极参与。因此,提升教师的文化沟通技能不仅是教师自身专业发展的需求,也是高等教育国际化发展的必然要求。

教师应具备开放的心态,理解和尊重多元文化的差异,并在教学中体现对不同文化的包容和理解。通过对多元文化意识的培养,教师能够更好地适应多元文化的教学环境,并有效地促进课堂内外的文化交流与理解。多元文化意识的培养不仅有助于教师在教学中更好地理解学生的文化背景,也有助于教师在教学设计中融入多元文化的元素,从而提高教学的多样性和包容性。通过跨文化意识的培养,教师能够在教学中更好地发挥引导者和促进者的角色,促进学生的全面发展。

通过系统的培训,教师可以掌握有效的沟通技巧和策略,以应对多样化的教学环境。在培训中,教师可以学习处理文化冲突、在多元文化背景下进行有效的沟通,以及在教学中融入多元文化元素。多元文化沟通培训不仅有助于教师提升自身的文化沟通能力,也有助于提高教师在多元文化背景下的教学效果。通过培训,教师能够更好地理解学生的文化背景和需求,从而在教学中提供更有针对性的支持和指导。

多元文化的教学资源库可以为教师提供丰富的教学案例和素材,帮助教师在教学中融入多元文化的元素。通过参考和使用这些资源,教师能够增强在多元文化教学中的信心和能力,从而提升教学效果。

多元文化交流活动为教师提供了一个展示和实践跨文化沟通技能的平台,促进了师生之间的文化交流与理解。通过参与这些活动,教师能够更好地理解学生的文化背景和需求,从而在教学中提供更有针对性的支持和指导。

(三)设计国际合作项目与活动

通过设计跨国联合研究项目,可以鼓励教师与国际高校的研究团队共同开展课题研究。这种合作不仅促进了学术交流,还为教师提供了一个了解不同学术文化和研究方法的平台。通过参与这些项目,教师能够在实际的学术合作中锻炼和提升自己的文化交流能力,进而更好地适应全球学术环境的变化。

组织国际学术研讨会也是提升教师国际化视野的重要方式。通过邀请国内外专家学者分享研究成果与经验,教师能够接触到最新的国际研究动态和前沿学术思想。这种学术交流不仅拓宽了教师的学术视野,还提升了其在国际学术界的影响力。同时,研讨会的举办为教师提供了一个展示自身研究成果的平台,促进了其学术声誉的提升。通过这种方式,教师能够更深入地理解和掌握国际学术界的研究趋势和热点问题。

开展教师交流访学项目,为教师提供赴海外高校进行短期教学或研究的机会,是增强其文化教学能力、拓宽国际化视野的有效途径。依据在不同文化背景下的教学或研究经历,教师能够更好地理解和适应不同的学术环境和教学风格。这种经历不仅丰富了教师的教学经验,还提升了他们在国际化教育中的适应能力。此外,访学项目也为教师建立国际学术网络提供了机会。

建立国际合作课程,共同开发具有全球视野的课程内容,是促进学生理解多元文化的重要手段。通过与国际高校的合作,教师可以将不同文化背景的知识和视角融入课程设计中,培养学生的全球意识和文化沟通能力。这不仅提升了课程的国际化程度,也为学生提供了一个多元文化学习的环境。

创建国际合作平台,搭建教师与国际同行的沟通渠道,是促进教育资源共享与合作研究开展的关键。通过这一平台,教师能够方便地与国际同行进行学术交流和合作,分享教育资源和研究成果。这种合作不仅提高了教师的学术水平,还促进了全球教育资源的优化配置。通过国际合作平台,教师能够更好地了解国际教育发展的趋势和方向,提升其在国际教育界的影响力和话语权。

第三节　师德师风建设

一、师德师风的内容与要求

(一)师德师风的内容

1.高尚的道德情操

教师应具备高尚的道德情操,以此作为教育的基础,并通过自身的言行示范,影响学生的品德发展。教师的道德情操不仅体现在教学中,还应贯穿于日常生活的各个方面。通过展示良好的道德品质,教师能够赢得学生的尊重和信任,从而更有效地进行教育教学活动。此外,教师的道德情操还要求他们应具备高度的职业责任感,为教育事业的发展贡献自己的力量。

2.专业素养

教师不仅需要具备扎实的专业知识,还应不断提升自身的教学能力和学术水平,以满足学生日益增长的学习需求。专业素养的提升不仅体现在教学方法的改进和教学内容的更新上,还体现在教育科研方面的不断探索和创新上。通过不断学习和实践,教师能够更好地适应教育发展的新形势,为学生提供更优质的教育服务。

(二)师德师风建设对教师的要求

1.尊重学生

教师应关注学生的个体差异,理解并尊重每位学生的独特性,以营造一个关怀和支持的学习环境。这不仅有助于激发学生的学习兴趣和潜能,还能促进学生的全面发展。教师在教学过程中,应注重与学生的沟通交流,倾听学生的意见和建议,帮助他们解决学习和生活中的困难,使学生在一个充满关怀的环境中健康成长。

2.积极参与社会服务

教师应发挥教育的社会责任,积极参与社会服务活动,促进社会的和谐与进步。这不仅能够提升教师的社会影响力,还能增强学生的社会责任感和实践能力。通过参与社会服务,教师能够将教育与社会实际结合起来,使教育更加贴近生活,最终实现教育的社会价值。

二、加强师德师风建设的措施

(一)强化教师教育伦理培训

系统的师德师风培训课程涵盖职业道德、教育伦理和心理健康等内容。通过系统化的培训,教师能够在复杂的教育环境中做出符合伦理的判断,维护教育的公平与公正。此外,心理健康教育的融入有助于教师在面对职业压力时保持良好的心理状态,从而更好地履行其教育职责。

邀请外部专家举办师德师风的专题讲座是丰富教师教育伦理培训内容的重要途径。外部专家能够提供不同视角与经验,帮助教师更深入地理解教育伦理的重要性。通过这些讲座,教师可以接触到最新的伦理理论与实践案例,从而增强对教育伦理的认知与重视。这种外部视角的引入不仅拓宽了教师的视野,也为教师提供了反思自身教育实践的机会,促进其在职业道德方面的持续成长。

设立师德师风的评估与反馈机制是推动教师道德实践改进的关键手段。通过定期的自我评估和同行评审,教师能够识别自身在道德实践中的不足之处。这种机制不仅提供了一个反思与改进的平台,也有助于教师之间的相互学习与支持。

鼓励教师参与社会服务与志愿活动,是增强其社会责任感的重要方式。通过实践,教师能够更深刻地理解自己在社会中的角色与责任。这种实践不仅提升了教师的社会责任感,也增强了其对学生及社会的关怀意识。在参与社会服务的过程中,教师能够体验到教育伦理在实际情境中的应用,从而在日常教学中更好地体现出师德师风的要求。这种实践导向的培训方式将理论与实践紧密结合,促进了教师在道德教育中的全面发展。

(二)建立师德师风考核制度

1.明确考核标准

一个完善的考核标准应当涵盖教师职业道德、教学质量、科研成果以及社会服务等多个维度,以确保考核的全面性与客观性。这不仅要求对教师职业行为的规范进行详细说明,还需要结合教育目标和社会期望,明确教师在不同领域的具体要求。这样的标准设定能够有效指导教师在日常工作中自觉遵循高尚的职业道德准则。

2.定期开展师德师风考核

在考核过程中,采用自评、同行评审和学生反馈相结合的方式,可以增强考核的多元性与可信度。自评能够促使教师自我反思与总结;同行评审提供了专业视角的评估;学生反馈反映了教师在教学实践中的实际表现。这样的考核方式不仅能够全面评估教师的职业道德水平,还能为教师提供多角度的改进建议,从而推动整体师德水平的提升。

3.设立师德师风考核结果的公开机制

通过公开考核结果,教师可以了解自身在职业道德方面的优劣势,进而进行自我反思与改进。同时,透明的机制有助于教育管理部门及时发现和解决师德师风建设中的问题。还可以将公开的考核结果作为教师评优、晋升的重要依据,以进一步激励教师不断提高自身的职业道德水平,营造积极向上的教育氛围。

(三)推动全员参与师德自律活动

推动全员参与师德自律活动是增强教师道德责任感与自律意识的重要举措。这一活动不仅需要教师个人的自觉参与,也需要制度化的保障。通过建立师德自律活动的常态化机制,定期组织全员参与的师德师风主题活动,可以有效增强教师的道德责任感与自律意识。这样的活动不仅有助于提高教师的职业道德水平,还能在教师群体中形成一种积极向上的道德氛围,促进教师的自我完善和职业发展。

为了确保师德自律活动的有效性,制定合理的评估标准是必不可少的。通过教师自评与互评相结合的方式,可以形成师德自律的良性反馈机制。这种机制不仅能够促进教师之间的相互监督与支持,还能帮助教师在相互学习中不断提升自己的道德素养。制定评估标准时,应充分考虑教师的实际工作情况和道德实践,确保标准具有可操作性和公正性,从而激励教师积极参与师德自律活动。

在推动师德自律活动的过程中,鼓励教师分享自身的师德实践经验与故事,是增强教师对师德自律活动参与感和归属感的重要途径。通过分享,教师可以相互借鉴,提升自身的道德实践水平。同时,这种分享活动有助于营造一个积极向上的师德氛围,以使教师在这样的环境中更愿意自觉地进行道德反思和自我提升。教师之间的经验交流不仅能增进彼此的理解与支持,还能激发更多的道德实践创新。

现代科技手段为师德自律活动提供了新的可能性。通过建立在线平台,教师可以随时记录和反思个人的师德自律实践。这种在线平台不仅是教师进行自我反思的工具,也是教师之间交流和学习的平台。通过在线互动,教师可以分享经验、提出问题、寻求建议,从而在不断的交流中提升师德水平。现代科技的应用使师德自律活动不再局限于线下的形式,而是可以随时随地进行。

为了激发教师参与师德自律活动的积极性与主动性,建立相应的激励机制是十分必要的。例如,对表现突出、积极参与师德自律活动的教师给予表彰和奖励。这样的激励机制不仅能够提升教师参与的积极性,还能增强他们的职业荣誉感和责任感,从而推动整体师德水平的提升。

三、师德师风考核与监督机制

(一)师德师风考核指标体系设计

在高等教育教师队伍建设中,设计师德师风考核指标体系时,需要明确教师的职业道德表现,这包括诚实守信、尊重学生和同事等基本职业操守。这些基本操守构成了教师职业的核心价值观,是教师在教育过程中必须遵循的底线。此外,考核指标的设计者还应关注教师在教学中对学生的关怀程度。这不仅包括教师对学生学习需求的关注,还包括对学生心理健康的重视。教师需要在日常教学中展现出对学生的支持和理解,帮助学生在学术和个人发展中取得平衡。

在考核体系中还应纳入教师参与社会服务和志愿活动的积极性与贡献。这一指标反映了教师的社会责任感和公共服务意识。通过鼓励教师参与社会服务活动,不仅可以促进教师个人的全面发展,还能增强教育机构与社会的联系,提升学校的社会影响力。与此同时,考核体系应涵盖教师的教学效果与学生反馈。这一部分的考核旨在确保教师的教学质量符合教育目标,并通过学生的反馈不断改进教学方法。

建立教师之间的互评机制是考核体系设计中的另一个重要方面。同行评审可以帮助教师发现自身在教学和师德师风方面的不足,并通过学习优秀教师的经验来改进自己的教学策略。通过这样一个全面而细致的考核指标体系,教育机构能够更有效地监督和提升教师的职业道德和教学水平,进而推动高等教育的整体发展。

(二)多层次监督机制的建立

通过构建多维度的监督体系,可以有效提升教师的职业道德水平和教学质量。在这一过程中,建立教师自我评估机制是关键的一步。通过自我评估,教师能够定期反思自身在教学实践中的表现以及职业道德的落实情况。这种反思不仅有助于教师发现自身的不足,还能激励他们不断追求自我改进与成长。

设立学生反馈渠道是多层次监督机制中的另一个重要方面。学生反馈不仅能够为教师提供改进教学方法的具体建议,还可以帮助学校发现教师在职业道德方面可能存在的问题,从而及时进行干预和指导。学生反馈机制的设立不仅是对教师的一种监督,也是对教师与学生之间互动关系的促进,最终有助于教学效果的提升。

引入同行评审制度为教师之间的相互学习与提升提供了平台。同行评审鼓励教师之间进行相互观察和评价。通过同行评审,教师可以借鉴他人的优秀做法,并反思自身的不足,从而在教学和职业道德方面取得进步。同时,同行评审可以增强教师之间的合作与信任,形成良好的学术与道德氛围,为学校的整体发展做出贡献。

建立外部监督机制是确保教师师德表现监督客观性与公正性的重要手段。通过邀请教育专家或相关机构对教师的师德表现进行评估,可以有效避免内部监督可能出现的偏见和不公。外部监督机制的引入不仅为教师的职业道德表现提供了客观的评价标准,还能为学校的教师管理提供专业的指导意见。通过外部监督,学校可以及时发现教师队伍建设中存在的问题,并采取相应的措施进行改进,从而提升整体教育质量和师德水平。

第四节　高等教育师资队伍建设创新

一、教师职业发展途径创新

(一)设计多元化晋升渠道

通过建立多层次的职称评审体系,教育机构能够为教师提供更灵活的职业发展途径。这一体系不仅涵盖了教学、科研及社会服务等多个方面的贡献,还允许教师根据个人发展方向选择合适的晋升路线。这种灵活性不仅能够激励教师在各自擅长的领域中不断追求卓越,还能促进整个教育机构的多元化发展。通过这一体系,教师可以在不同的职业发展阶段中找到适合自己的晋升方向,进而为教育事业的发展贡献更多的力量。

为了进一步激发教师的创新活力,教育机构需要引入灵活的职称晋升标准。这些标准应鼓励教师在教学创新、跨学科合作及社会影响力等方面展示独特的成就。通过提高评审的多样性和适应性,教师可以在更广泛的领域中展示其才能和贡献。这种灵活的晋升标准不仅能够吸引更多优秀人才加入教育行业,还能激励现有教师在专业领域中不断创新和突破。通过这种方式,教育机构能够打造一支具有高度适应性和创新能力的教师队伍,从而更好地应对未来教育发展的挑战。

设立专项奖励机制是多元化晋升渠道设计中的重要一环。专项奖励机制不仅能够提升教师的职业满意度,还能增强他们在教育机构中的归属感。这种机制的设立不仅是对优秀教师的认可和鼓励,也是对整个教育行业的激励和推动。

为了帮助教师拓宽多元化的职业发展视野,教育机构应定期举办职业发展论坛。这些论坛可以邀请行业专家与教育界领袖分享职业发展经验。通过这些活动,教师可以拓宽自己的视野,了解不同领域的最新发展动态,并与同行建立联系。通过这种方式,教师能够更好地适应教育行业的变化和发展,进而为学生提供更优质的教育服务。

(三)灵活就业模式探索

探索灵活的工作时间安排,可以让教师在不影响教学质量的前提下,根据个人需求和教学任务调整自己的工作时段。这种安排不仅能够提高教师的工作效率,还能在一定程度上改善其生活质量,使教师在职业与生活之间找到更好的平衡。此外,灵活的工作时间安排也有助于吸引更多优秀人才加入高等教育领域,他们可以在不牺牲个人生活的情况下,充分发挥自己的专业特长,促进教育事业的发展。

兼职与全职相结合的教师招聘模式是丰富师资队伍多样性的有效途径。通过这种模式,教育机构可以吸引行业专家和学术界人士参与教学。这不仅能为学生提供更广泛的视角和丰富的知识,也能促进学术界与产业界的交流与合作。兼职教师的引入使高等教育能够紧跟行业发展前沿,及时更新课程内容,保持教学的实用性和前瞻性。同时,全职教师的稳定性和持续性为教育质量的保障提供了基础。二者相结合,形成了一种动态平衡的师资结构。

远程教学与在线课程的开展为教师提供了更灵活的教学环境。这种灵活性不仅体现在教学地点的自由选择上,还体现在教学内容和方式的多样化上。通过远程教学,教师可以更便捷地与全球的学术资源和专家进行交流,拓宽教学内容的广度和深度。此外,在线课程的普及也能够更好地满足不同学生群体的学习需求。对于教师,这种教学模式不仅是对传统教学的补充,也是其职业发展的新方向。

项目制聘用机制是提高教育资源使用效率的重要手段。根据具体教学或科研项目的需求,灵活配置教师资源,可以最大限度地发挥教师的专长和潜力。这种方式不仅提高了教学和科研的针对性和有效性,也为教师提供了更多的职业发展机会和挑战。

(四)终身学习与自我提升机制

通过建立个人学习目标,教师可以根据自身的职业发展需求和兴趣设定明确的学习方向。这一机制不仅增强了学习的针对性和有效性,还使教师在快速变化的教育环境中保持竞争力。在设定个人学习目标的过程中,需要考虑教师的职业生涯规划,明确短期和长期的学习需求,从而制订可行的学习计划。这种方法有助于教师在专业领域内不断更新知识,适应教育政策和技术的变化。

在线学习平台是推动教师终身学习的重要工具。在线学习平台提供多样化的学习资源和课程,支持教师在工作之余进行灵活学习。这种学习方式突破了时间和空间的限制,使教师能够根据个人时间安排自主选择学习内容。在线平台不仅提供专业技能和知识水平的提升课程,还包括教育技术应用、教学方法创新等方面的内容。通过这种方式,教师可以在不影响日常教学工作的情况下,持续提升自己的专业能力。

定期组织学习分享会是促进教师相互学习和专业成长的重要手段。学习分享会营造了积极的学习氛围,鼓励教师在专业成长过程中相互支持和合作。这种互动不仅有助于教师个人的发展,还能形成一个充满活力的学习共同体,推动整个教师团队的进步。需要强调的是,分享会的成功实施需要学校管理层的支持,以确保其成为教师职业发展的常规活动。

实施自我反思机制是教师持续个人发展的关键。自我反思不仅有助于提高教学质量,还能增强教师的职业满意度和成就感。反思的过程需要教师对自己的教学行为进行深刻分析,识别成功经验和不足之处。通过这种方式,教师可以不断调整教学策略,优化教学效果,最终实现个人和职业的双重成长。

二、师资数字化能力创新

(一)数字化教学工具的应用

数字化教学工具不仅为教师提供了全新的教学方式,还为学生提供了更加个性化的学习体验。通过数字化平台,教师能够设计更具有互动性和吸引力的课程内容,从而激发学生的学习兴趣。此外,数字化工具的普及推动了教育资源的共享与开放,使优质资源得以跨越地理和时间的限制,广泛传播。这一发展趋势不仅改变了传统的教学模式,也为教师的职业发展提供了新的契机和挑战。

数字化教学工具的一个显著优势在于提升个性化学习的能力。通过这些工具,教师可以根据学生的不同需求和学习节奏,定制化地提供学习材料和任务。这种个性化的学习方式能够更好地激发学生的自主学习能力,帮助他们在自己的节奏下掌握知识。同时,个性化学习有助于教师识别学生的学习障碍,及时调整教学策略,以满足每个学生的独特需求。这种因材施教的方式在数字化时代变得更加可行和高效。

数字化教学工具显著提高了教师的教学效率。通过自动化评估和即时反馈系统,教师能够迅速了解学生的学习状态和掌握程度,从而节省大量的时间和精力。这不仅减轻了教师的工作负担,还使他们能够将更多的精力投入到教学创新和学生辅导中。自动化工具的引入使评估过程更加客观和高效,并且为教师提供了更精准的数据支持,以便他们进行科学的教学决策。

在远程教学和混合学习模式中,数字化教学工具的作用尤为突出。例如,通过在线平台,教师可以随时随地开展教学活动,同时学生也能够根据自己的时间安排进行学习。这种灵活的学习模式不仅打破了传统课堂的时间和空间限制,还为不同背景和需求的学生提供了更多的学习机会,提升了教育的普及性和包容性。

课堂互动是数字化教学工具的另一个重要贡献。通过实时投票、在线讨论和协作平台,学生的参与感和互动性得到了极大提升。这种互动不仅促进了学生之间的交流与合作,还增强了他们的批判性思维和问题解决能力。

(二)在线教育平台与资源的整合

随着信息技术的迅猛发展,整合多种在线教育平台以构建统一的数字化教学环境,成为提高教师教学效率和学生学习体验的关键举措。通过整合,教师能够在一个集成的平台上设计和实施教学活动。同时,学生能在统一的环境中获取学习资源。

通过构建一个全面的资源库,教师和学生能够方便地访问和分享各类教育资源,如课程材料、视频讲座和在线测试。这种资源库不仅提升了资源的可及性和共享性,还促进了教育资源的标准化和规范化,确保了教学内容的一致性和质量。教师可以根据教学需求灵活选取资源;学生可以根据个人学习进度和兴趣自主学习,真正实现个性化教育。

通过定期收集用户反馈,教育机构能够及时了解平台使用中的问题和不足,进而优化平台功能和用户体验。这种动态的评估和反馈机制不仅有助于平台的完善,也能促进教育技术的创新和发展。

通过系统的培训,教师能够掌握最新的数字工具和技术,提升自己在在线教育环境中的教学创新能力。这不仅包括对平台功能的熟悉和应用,还包括对数字化工具的利用。

通过与行业专家的合作,教师能够将最新的行业动态和实践经验融入课程中,提升课程的现实应用价值。同时,这种合作为学生提供了接触行业前沿知识和技能的机会,增强其职业竞争力,为未来的职业发展奠定坚实基础。

三、教师激励机制多元化探索

(一)多元化激励机制的设计

1.建立多元化的薪酬体系

通过结合教师的教学效果、科研成果以及社会服务贡献,为不同领域和层次的教师提供具有竞争力的薪酬待遇。这种薪酬体系不仅能够吸引优秀人才加入高等教育领域,还能有效地留住现有的优秀教师,增强教师的职业稳定性和满意度。

2.实施绩效奖励机制

根据教师的教学效果、科研成果和社会影响力,设立年度奖励和专项奖金。这不仅能够激励教师在各自领域追求卓越,还能促进教师在教学和科研之间找到平衡点,提升整体教育质量。绩效奖励机制的实施需要透明、公正,并且要能够反映教师的实际贡献和工作努力,以激发他们的内在动力和创造力。

3.设计职业发展支持计划

高校应为教师提供进修、培训和学术交流的机会,鼓励其不断提升专业能力和教学水平。这不仅有助于教师个人的职业发展,也有助于提升整个教育机构的教学质量和学术水平。职业发展支持计划需要与教师的职业生涯规划相结合,以提供个性化的支持,帮助教师实现职业目标。

4.建立教师荣誉体系

通过定期评选优秀教师、教学创新奖等,不仅能够激励教师持续进步,还能增强教师的职业荣誉感和成就感。在荣誉评选过程中,要注重透明度和公平性,以确保评选结果的公正性和权威性,激励更多教师积极参与并做出贡献。

(二)职业成长与晋升激励

通过制定明确的职业发展规划,高校可以为教师提供清晰的晋升标准和发展方向。这不仅有助于教师设定个人职业目标,还能激励他们在职业生涯中不断追求进步。

为了进一步促进教师的职业发展,高校应实施定期的职业发展评估。评估不仅为教师提供了职业发展的方向性建议,还能通过与教师的互动,促进其自我反思和专业成长。通过这样的评估机制,教师能够更好地理解自身的优势与不足,从而在职业道路上做出更明智的选择。

多样化的培训与进修机会也是发展激励的重要组成部分。高校应鼓励教师参与学术交流、专业认证和继续教育,以提升其专业素养与竞争力。这些机会不仅能丰富教师的知识与技能,还能拓宽其学术视野,增强其在学术界的影响力。通过不断的学习与进修,教师能够保持学术活力,适应快速变化的教育环境。

设立导师制度也是增强教师职业发展的有效策略。资深教师通过提供指导与支持,能够帮助年轻教师更好地面对职业生涯中的各种挑战。导师制度不仅促进了教师之间的知识传递,还能在教师团队中建立良好的合作氛围。通过这种方式,年轻教师能够在资深教师的引导下,快速提升自身的教学与科研能力。

创建教师成就展示平台,定期表彰在教学、科研和社会服务中表现突出的教师,是激励机制中不可或缺的一环。通过对优秀教师的表彰与奖励,高校能够激励全体教师持续追求卓越。

参考文献

[1]张旭.高等教育管理与实践应用[M].长春:吉林人民出版社,2023.

[2]蒙有华.新时代背景下的高校教师队伍建设的探索与实践[M].长春:吉林出版集团股份有限公司,2022.

[3]朱松华,张颖.高校师资队伍建设与教育质量管理创新[M].长春:吉林出版集团股份有限公司,2022.

[4]吴爱萍.高等教育的发展与管理实践[M].长春:吉林出版集团股份有限公司,2021.

[5]刘邦春,蔡金胜,刘玉甜.高等院校教师岗前培训 高等教育理论通识300问[M].上海:上海社会科学院出版社,2022.

[6]张茂红,莫逊,李颖华.高校教育管理与教学研究[M].北京:台海出版社,2022.

[7]姜海洋.高校教育体制改革和师资队伍建设[M].长春:吉林出版集团股份有限公司,2022.

[8]冉小峰,施锦丽.深化高等教育改革创新人才培养[M].北京:旅游教育出版社,2021.

[9]祝朝伟.高等教育教学改革研究 第8辑[M].成都:四川大学出版社,2021.

[10]单林波.高校教育管理体系构建研究[M].北京:首都师范大学出版社,2022.

[11]陈晔.新时期高校教育管理实践研究[M].北京:现代出版社,2020.

[12]黄裕花,董晓.教师文化素养与师资队伍建设[M].长春:吉林文史出版社,2021.

[13]睢瑞丹.教育学理论与教师团队建设研究[M].长春:吉林出版集团股份有限公司,2022.

[14]杨洋,王辉.高等教育课程改革与人才培养研究[M].长春:吉林文史出版社,2021.

[15]雷炜.高等教育质量保障体系研究[M].杭州:浙江工商大学出版社,2020.